Educação infantil: práticas pedagógicas de ensino e aprendizagem

SÉRIE METODOLOGIAS

2ª edição revista e atualizada de acordo com a BNCC

Maria Cristina Trois Dorneles

Educação infantil: práticas pedagógicas de ensino e aprendizagem

Informamos que é de inteira responsabilidade da autora a emissão de conceitos.

Nenhuma parte desta publicação poderá ser reproduzida por qualquer meio ou forma sem a prévia autorização da Editora InterSaberes.

A violação dos direitos autorais é crime estabelecido na Lei n. 9.610/1998 e punido pelo art. 184 do Código.

Foi feito o depósito legal.

1ª edição, 2011.

2ª edição – revista e atualizada, 2025.

Lindsay Azambuja
EDITORA-CHEFE

Ariadne Nunes Wenger
GERENTE EDITORIAL

Daniela Viroli Pereira Pinto
ASSISTENTE EDITORIAL

Camila Rosa
Caroline Rabelo Gomes
Palavra do Editor
EDIÇÃO DE TEXTO

Denis Kaio Tanaami (*design*)
Charles L. da Silva (adaptação)
sr-art studio e Dharmasena/ Shutterstock (imagens)
CAPA

Raphael Bernadelli
PROJETO GRÁFICO

Regiane Rosa
ADAPTAÇÃO DE PROJETO GRÁFICO

Estúdio Nótua
DIAGRAMAÇÃO

Charles L. da Silva
DESIGNER RESPONSÁVEL

Regina Claudia Cruz Prestes
ICONOGRAFIA

Dados Internacionais de Catalogação na Publicação (CIP)
(Câmara Brasileira do Livro, SP, Brasil)

Dorneles, Maria Cristina Trois
 Educação infantil : práticas pedagógicas de ensino e aprendizagem / Maria Cristina Trois Dorneles. -- 2. ed. rev. e atual. de acordo com a BNCC. -- Curitiba, PR : InterSaberes, 2025. -- (Série metodologias)

 Bibliografia.
 ISBN 978-85-227-1573-2

 1. Educação de crianças 2. Educação infantil 3. Prática de ensino 4. Professores – Formação I. Título. II. Série.

24-214989 CDD-372.21

Índices para catálogo sistemático:
1. Prática de ensino : Educação infantil 372.21
Cibele Maria Dias – Bibliotecária – CRB-8/9427

Rua Clara Vendramin, 58 . Mossunguê . CEP 81200-170
Curitiba . PR . Brasil . Fone: (41) 2106-4170
www.intersaberes.com . editora@intersaberes.com

CONSELHO EDITORIAL

DR. ALEXANDRE COUTINHO PAGLIARINI

DRª. ELENA GODOY

DR. NERI DOS SANTOS

Mª. MARIA LÚCIA PRADO SABATELLA

sumário

apresentação, vii

como aproveitar ao máximo este livro, xi

introdução, xv

um...
Pequeno cidadão brasileiro: o direito à educação infantil, 20

dois...
Cuidar e educar: um compromisso educacional, 72

três...
O brincar e as interações na educação infantil, 148

quatro...
A prática pedagógica na educação infantil, 220

considerações finais, 305

referências, 311

bibliografia comentada, 319

respostas, 321

sobre a autora, 329

apresentação

Os atos como professores e professoras na educação de crianças se orientam por uma concepção de homem, sociedade, desenvolvimento e formação humana. Nessa perspectiva, as práticas de ensino e aprendizagem na educação infantil não são diferentes, pois se desenvolvem com base na função da brincadeira e das interações na formação e na educação de crianças, reforçando o papel da escola, dos professores, do espaço e do ambiente no processo de ensino e aprendizagem.

Com isso em mente, convidamos você, leitor, a nos acompanhar nesta obra, que transita por fundamentos e práticas na educação infantil. Sublinhamos aqui a importância de planejar espaços e ambientes ricos e desafiadores, de selecionar brinquedos e recursos lúdicos adequados à realidade social e cultural das crianças na escola, de modo que elas possam desenvolver a autonomia, o protagonismo, o trabalho em equipe e a empatia por meio do brincar. Vale lembrar que as vivências lúdicas na infância serão o horizonte da fantasia, da imaginação e da criatividade por toda a vida do ser humano.

Este livro, desse modo, está organizado em quatro capítulos e, embora não esgote os temas propostos, pretende apoiar os profissionais da educação e de áreas afins na prática educativa divertida e significativa.

No primeiro capítulo, tratamos do direito à educação infantil, destacando aspectos que influenciaram a criação de creches e pré-escolas e a relação entre família e escola na educação de crianças brasileiras. Apresentamos reflexões acerca das políticas públicas na educação de crianças no Brasil, considerando as Diretrizes Curriculares Nacionais para a Educação Infantil (DCNEI) e a Base Nacional Comum Curricular (BNCC) para a educação infantil.

No segundo capítulo, abordamos jogos, brinquedos e brincadeiras na escola com o intuito de propiciar reflexões sobre a prática lúdica como um processo educativo. Destacamos a importância da observação das brincadeiras infantis na escola, que pode servir de ponto de partida na mediação do processo de aprendizado das crianças.

O terceiro capítulo esclarece as bases teóricas da brincadeira na infância sob a ótica de Huizinga, Brougère, Piaget e Vygotsky, enfatizando suas concepções acerca das ações do brincar na infância. Não se trata de inserir a teoria na prática, mas de conhecer seus pressupostos teóricos para compreender como a brincadeira é entendida na relação entre o desenvolvimento e a aprendizagem infantil.

No quarto capítulo, enfocamos, de acordo com a BNCC, a prática pedagógica do professor de educação infantil no que se refere aos campos de experiências. Nessa acepção, ressaltamos a necessidade de contar com o planejamento de um currículo estimulante e dinamizador do processo de ensino e aprendizagem da criança de 0 a 5 anos.

Esperamos que este livro sirva para orientar um trabalho qualificado na educação de crianças, que considere a prática pedagógica com a brincadeira nessa etapa de educação como uma excelente forma de favorecer as interações e o aprendizado.

Neste livro, também apresentamos alguns conceitos e sugestões de práticas, mas de forma alguma pretendemos esgotar o assunto, e sim instigar novas elaborações dos leitores.

Boa leitura!

Como aproveitar ao máximo este livro

Empregamos nesta obra recursos que visam enriquecer seu aprendizado, facilitar a compreensão dos conteúdos e tornar a leitura mais dinâmica. Conheça a seguir cada uma dessas ferramentas e saiba como estão distribuídas no decorrer deste livro para bem aproveitá-las.

Introdução do capítulo

Logo na abertura do capítulo, informamos os temas de estudo e os objetivos de aprendizagem que serão nele abrangidos, fazendo considerações preliminares sobre as temáticas em foco.

Exemplo prático

Nesta seção, articulamos os tópicos em pauta a acontecimentos históricos, casos reais e situações do cotidiano a fim de que você perceba como os conhecimentos adquiridos são aplicados na prática e como podem auxiliar na compreensão da realidade.

Importante!

Algumas das informações centrais para a compreensão da obra aparecem nesta seção. Aproveite para refletir sobre os conteúdos apresentados.

Para refletir

Aqui propomos reflexões dirigidas sobre os conteúdos comentados neste livro.

Indicações culturais

Para ampliarmos seu repertório, indicamos conteúdos de diferentes naturezas que ensejam a reflexão sobre os assuntos estudados e contribuem para seu processo de aprendizagem.

Síntese

Ao final de cada capítulo, relacionamos as principais informações nele abordadas a fim de que você avalie as conclusões a que chegou, confirmando-as ou redefinindo-as.

Atividades de autoavaliação

Apresentamos estas questões objetivas para que você verifique o grau de assimilação dos conceitos examinados, motivando-se a progredir em seus estudos.

Atividades de aprendizagem

Aqui apresentamos questões que aproximam conhecimentos teóricos e práticos a fim de que você analise criticamente determinado assunto.

Bibliografia comentada

Nesta seção, comentamos algumas obras de referência para o estudo dos temas examinados ao longo do livro.

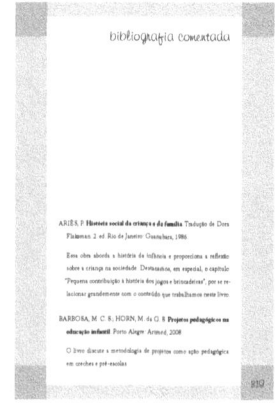

introdução

A educação infantil, primeiro nível de ensino da educação básica brasileira, passou por transformações fundamentais em seus aspectos políticos e pedagógicos, transformações estas que se refletiram na dinâmica dos papéis da família, da escola e da sociedade. É fato que os pais têm um papel fundamental na educação de crianças; porém, em razão da desenfreada corrida capitalista, eles nem sempre conseguem oferecer tempo e interações de qualidade aos filhos. Com efeito, a escola se obriga a cumprir, seguidas e exacerbadas vezes, o papel dessa família, deixando de realizar sua função social primordial: ensinar.

Contudo, mudanças nessa etapa educacional ainda estão em curso e dependem muito dos profissionais da educação, da família, do Estado e de suas políticas públicas para o atendimento à criança.

Atualmente, a função social da escola não se restringe apenas a ensinar; é dela também a tarefa de sistematizar os conhecimentos construídos historicamente pelo homem em suas relações com o meio.

Assim, é fundamental pensar sobre o papel do ensino para a formação do cidadão e articular cuidado e educação por meio de interações e brincadeiras.

Nesse sentido, cabe à educação infantil, por meio da prática pedagógica dos profissionais, refletir sobre o papel da escola e dos professores no processo de ensino e aprendizagem. Ao dedicarmos um olhar mais atento e maduro aos profissionais da educação infantil, podemos observar que eles apresentam diferentes ações pedagógicas. Isso inclui desde aqueles que se dedicam a estudar o desenvolvimento e a aprendizagem infantil até os que estão em busca de mais um campo de trabalho, que, por vezes, é considerado fácil por estar relacionado a crianças tão pequenas, as quais, para os desinformados, requerem menos cuidados. Essa visão, no entanto, desconsidera o potencial transformador da educação para a sociedade.

Educar passa pelo diálogo entre os conteúdos historicamente sistematizados e o conhecimento de mundo trazido pelas crianças. Desse modo, aquele que deseja atuar na educação infantil precisa desempenhar esse papel. Ademais, quem tem esse privilégio descobre uma infinidade de possibilidades que, muito além de cuidados, é feita de interações, afetos, movimentos e criatividade, um mundo que pode ser redescoberto diariamente.

Vale ressaltar que cada criança apresenta uma reação diferente ao receber cuidado e educação: haverá dias intensos de sucesso para o educador e as crianças, e outros em que o medo, a ansiedade e a frustração influenciarão o processo de ensino e aprendizagem, o que é natural. Mas caberá ao professor, sobretudo, mediar esse processo com conhecimento, habilidade, harmonia, paciência e muito estudo.

Boa leitura!

um...

Pequeno cidadão brasileiro: o direito à educação infantil

A educação infantil no Brasil, na condição de processo de ensino, é resultado de inúmeras transformações sociais, as quais forjaram novas concepções e políticas públicas de atendimento a crianças de 0 a 5 anos. No entanto, se, por um lado, houve avanços significativos nessa educação, por outro, ainda existem lacunas que se expressam em desafios para as propostas pedagógicas de ensino e aprendizagem na educação infantil.

Neste capítulo, enfocaremos algumas das principais questões relativas à história da criação das creches na educação brasileira. Apresentaremos um levantamento dos principais elementos que contribuíram para a criação das creches, como a inserção da mulher no mercado de trabalho, e apontaremos alguns caminhos para superá-los na prática pedagógica. O objetivo é situar o leitor quanto aos debates sobre as políticas públicas na educação de crianças no Brasil, essencialmente no período final do século XIX e início do século XX até a atualidade. Nessa perspectiva, questões como a atuação da família e da escola na educação de crianças são essenciais para a compreensão dos embates observados e a superação da educação assistencialista, que, por muito tempo, fez parte da prática dos adultos.

1.1 CRECHES E PRÉ-ESCOLAS NA EDUCAÇÃO DE CRIANÇAS BRASILEIRAS

É fato que as transformações familiares e sociais no Brasil e em outros países do mundo, por séculos, fizeram com que a educação de crianças fosse delegada às creches, já que as mulheres se inseriram no mundo do trabalho para além do contexto doméstico. Os primeiros *jardins de infância*, como eram denominados os espaços de cuidado de crianças no século XIV, foram criados para que as mulheres trabalhadoras pudessem deixar seus filhos.

A forma assistencialista do discurso médico, no período de 1940 a 1960, como destaca Oliveira (1988), indica a existência de medidas de promoção à saúde junto à população menos favorecida economicamente e demonstra a preocupação com a organização de instituições para crianças e jovens a fim de evitar a marginalidade e a criminalidade. Desse modo, as características do sistema econômico no Brasil capitalista, dependente e concentrador de riquezas, dificultaram avanços na qualidade de vida da população. Com efeito, o caráter filantrópico ou empresarial foi reivindicado pela população mais pobre especificamente para atender à necessidade das mulheres de se inserirem no campo de trabalho para auxiliar no sustento da família.

A Consolidação das Leis do Trabalho, de 1943, sublinha o atendimento aos filhos das mulheres trabalhadoras em berçários organizados nas fábricas e nas empresas. Isso corroborou para que outros espaços fora dessas entidades, por meio de convênios, atendessem à demanda de creches. Contudo, a criação desses espaços favoreceu a destituição do poder público, que não se responsabilizou pela criação de creches, tampouco por sua fiscalização.

A partir da década de 1960, com o crescimento da população da classe operária, a organização dos trabalhadores do campo reivindicou melhores condições de trabalho. Nessa mesma época, as mulheres de classe média ingressaram no mercado de trabalho e passaram a contribuir para que a demanda de creches aumentasse.

Já nas décadas de 1960 e 1970, entendeu-se que o atendimento à criança possibilitaria a superação das condições sociais, surgindo, assim, a chamada *educação compensatória*, com conteúdos como a estimulação precoce e o preparo para a alfabetização. A criação da pré-escola para a educação de crianças das classes média e alta indicou a preocupação com o desenvolvimento infantil, com destaque para a criatividade e a sociabilidade. Essa abordagem influenciou positivamente o surgimento de novas posições com relação à creche por parte de alguns grupos sociais. De fato, na década de 1970, ocorreu um aumento no número de creches e berçários mantidos por entidades particulares voltadas ao desenvolvimento de aspectos cognitivos, emocionais e sociais da criança.

Nesse contexto, Gohn (1985) esclarece que a creche surge como direito do trabalhador e dever do Estado, evidenciando o paternalismo estatal ou empresarial. Por conseguinte, os sindicatos e as associações de classe foram apoiados pelos movimentos feministas atuantes naquele momento. Entretanto, a insuficiência no número de crianças atendidas nas creches forjou a posição do poder público, que não se comprometia com políticas para as populações mais pobres e não incentivava outras iniciativas de atendimento às crianças pequenas, como as mães crecheiras, os lares vicinais ou as creches domiciliares.

Oliveira (1988) explica que a creche não diz respeito apenas à mulher ou à família, mas também ao Estado e às empresas. Com efeito, a creche é concebida como uma extensão do direito universal à educação para as crianças de 0 a 5 anos, sendo obrigação do Estado a oferta de creches (uma vez que são entendidas como uma modalidade de ensino) a um número cada vez maior de crianças.

De acordo com o Fundo das Nações Unidas para a Infância (United Nations International Children's Emergency Fund – Unicef) – da Organização das Nações Unidas (ONU) –, criado em 1946, a educação infantil contribuiu para a diminuição da desnutrição de crianças e do analfabetismo (Unicef Brasil, 2024), justificando, assim, a criação de políticas públicas. Porém, o que se percebe é a diferença de qualidade no atendimento e na educação de crianças, o que, por vezes, não propicia condições de equidade a elas no contexto brasileiro.

Os avanços no acesso à educação infantil ocorreram em virtude de embates e debates sobre os direitos da infância e de suas famílias por diversos pesquisadores da área. Em 2001, o Plano Nacional de Educação (PNE) estabeleceu metas educativas para os dez anos seguintes, mas até hoje muitas demandas ainda não foram atendidas. Essa situação gerou maior diversidade e desigualdade no trabalho da gestão educativa, pois o sucesso de determinadas políticas públicas requer incentivo financeiro por parte de diferentes instituições públicas e privadas.

Em 2007, foi aprovada a política de financiamento do Fundo de Manutenção e Desenvolvimento da Educação Básica e de Valorização dos Profissionais da Educação (Fundeb), indicando a geração de recursos para a educação. Em 2009, o Programa de Formação Inicial para Professores em Exercício na Educação Infantil (ProInfantil) ampliou a formação de docentes para atuar nessa etapa educativa. Mesmo assim, maiores investimentos são necessários, tanto no que se refere ao espaço e aos recursos para o trabalho com a educação infantil quanto no que diz respeito à formação docente.

Todavia, cabe contrapor que o acesso de grande parte das crianças às escolas ainda é insuficiente. Para avançar na demanda de qualidade da educação infantil, é urgente propiciar melhores condições de igualdade e equidade não apenas como um resultado numérico, mas também como um processo interno e contextualizado. É fundamental fortalecer a participação de governos comunitários e locais educacionais, estimulando o compromisso e a responsabilidade de todos os setores da sociedade, bem como criar as condições que permitam a implementação de políticas contextualizadas, de modo a garantir os efeitos pretendidos.

Nessa trajetória, os diversos debates nacionais sobre a educação infantil fomentaram a formação docente, que foi uma prerrogativa para a atuação em escolas desse segmento. Em 1996, a Lei de Diretrizes e Bases da Educação Nacional (LDBEN) – Lei n. 9.394, de 20 de dezembro de 1996 (Brasil, 1996) – incluiu a educação infantil no sistema educacional brasileiro, definindo-a como primeira etapa da educação básica. Tal lei significou um avanço para a qualidade da educação de crianças e, entre os aspectos ligados à garantia da qualidade da educação, agregou-se a relação entre a família e a escola.

1.2 AS INSTITUIÇÕES *FAMÍLIA* E *ESCOLA* NA EDUCAÇÃO DE CRIANÇAS

Os objetivos de atender às demandas sociais e econômicas ocorridas nas últimas décadas do século XX e início do século XXI forjaram mudanças nos papéis e responsabilidade de cuidado e educação das crianças. Entre essas transformações surgiram novas configurações familiares, sublinhadas por relações de afeto que se configuram em um importante aliado na educação de crianças, assim como em sua relação com os profissionais na educação escolar.

É na etapa da educação infantil, sobretudo na pré-escola, que a criança começa a representar os papéis sociais que observa em seu meio de convívio. Essa afirmação pode ser bem percebida na representação e nas brincadeiras de faz de conta. Nesse sentido, professores, educadores, cuidadores e todos os profissionais envolvidos com a educação e os cuidados das crianças precisam praticar a comunicação, de modo a estabelecer conexões significativas e colaborativas.

Por conseguinte, no que diz respeito aos cuidados com os bebês e as crianças bem pequenas, a parceria entre família e escola é fundamental. Dessa maneira, as famílias têm de estar atentas ao desenvolvimento das crianças e contribuir com ações que serão sequenciadas na creche. Para melhor exemplificarmos essa ideia, apontamos algumas sugestões que professores e educadores podem apresentar aos familiares e responsáveis na preparação dos bebês e das crianças bem pequenas para frequentarem as creches.

> **Exemplo prático**
>
> **Preparando os bebês e as crianças bem pequenas para irem à creche**
>
> › Ocupar-se da higiene das crianças, trocar as fraldas, vestir com roupas limpas e adequadas à temperatura local.
> › Organizar uma bolsa com roupas adequadas à temperatura prevista no dia e fraldas limpas.

> Se a criança estiver fazendo algum tipo de tratamento de saúde, organizar uma lista com nome e horário dos medicamentos a serem ministrados no período em que a criança estiver na creche. É fundamental preparar os medicamentos, conferir sua validade e enviar as receitas médicas.
> Ler os avisos enviados pelos professores e educadores por meio da agenda, verificando observações e questionamentos. Responder ao que lhes for perguntado e, se necessário, escrever novas orientações. A agenda é um importante instrumento de comunicação entre as famílias e as instituições de educação infantil.

O cuidado é uma ação de afeto e precisa ser pensado no sentido de colaboração entre as famílias e a escola, pois a criança precisa de boas condições de segurança, higiene e alimentação. Contudo, mesmo que esses aspectos se refiram ao cuidado, é necessário ampliar a atenção individualizada, sublinhando o afeto como parte importante nas ações cotidianas na vida da criança.

Ao considerar essa relação – família e escola –, busca-se atender ao que é definido no art. 227 da Constituição Federal:

Art. 227. É dever da família, da sociedade e do Estado assegurar à criança, ao adolescente e ao jovem, com absoluta prioridade, o direito à vida, à saúde, à alimentação, à educação, ao lazer, à profissionalização, à cultura, à dignidade, ao respeito, à liberdade e à convivência familiar comunitária, além de colocá-los a salvo de toda forma de negligência, discriminação, exploração, violência, crueldade e opressão. (Brasil, 1988)

No entanto, com relação às ações de cuidado e educação das crianças, existem divergências entre as instituições *família* e *escola*. Nessa perspectiva, Turkenicz (2008) explica que os papéis sociais vividos pelas pessoas se refletem no modo como compreendem cuidado e educação. Ambas as instituições apresentam peculiaridades quanto aos papéis que são determinantes no desenvolvimento afetivo, físico e moral das crianças e isso implica a busca pelo entendimento entre as partes.

Algumas famílias se preocupam em oferecer uma alimentação natural para as crianças e, desse modo, reduzem ou excluem o consumo de doces e balas, preferindo oferecer frutas; outras entendem que a formação religiosa diz respeito às suas crenças e preferem que seus filhos não participem de festas folclóricas, como as que ocorrem em junho e julho, nas quais danças e outros rituais fazem parte do repertório cultural do evento. Com efeito, os ideais de educação das crianças de acordo com suas famílias nem sempre vão ao encontro das propostas pedagógicas escolares, pois, mesmo que a escola seja um espaço de educação formal, ela pode considerar a realidade social e cultural da comunidade atendida.

O mesmo pode ser percebido nas escolhas familiares quanto aos programas de televisão, aos temas de jogos eletrônicos, ao acesso às mídias sociais etc., que abordam, por vezes, assuntos contrários aos tratados nas escolas, o que se torna mais um desafio na educação das crianças. Nesse sentido, Bassedas, Huguet e Solé (1999) destacam que os meios de comunicação, cada vez mais acessíveis e avançados, manipulam a interpretação humana sobre o que é importante para as crianças: ao passo que a escola valoriza uma educação formal, por meio da participação ativa das crianças em jogos, brincadeiras, práticas na natureza, leitura de obras infantis, cantigas de roda e brinquedos cantados e obras de arte, a mídia incita a apreciação de gêneros textuais e musicais que nem sempre condizem com a construção do conhecimento sistematizado pela escola, como ritmos musicais que, em suas letras, destacam a desvalorização da mulher e fomentam o uso de drogas e álcool e, em suas coreografias, estimulam gestos obscenos.

Não se trata de colocar em uma caixa fechada e inapropriada todas as músicas, letras e coreografias que representam os ritmos populares, como *funk* e *rap*, pois é fato que eles representam a cultura e o pensamento de muitas comunidades. A música popular é uma representação da cultura do povo e, por isso, precisa incluir diversos repertórios e ritmos, letras e músicas; porém, acima de tudo, é importante ensinar a criança a pensar sobre o que se acolhe no processo de aprendizado.

Podemos pensar sobre a articulação entre os interesses das famílias e da escola na educação de crianças de diversas formas, inclusive no que se refere aos ritmos musicais. Desse modo, a seguir, propomos alguns ritmos que podem ser incluídos na educação de crianças, seja na escola, seja em festas populares e comunitárias.

> **Axé**: surgiu na década de 1980 na Bahia e nos carnavais de rua.

> **Bossa nova**: criado na década de 1940, teve como pioneiro o cantor João Gilberto.

> **Calango**: manifestou-se por meio da dança de Minas Gerais, em passos de samba ou tango.

> **Carimbó**: criado na ilha de Marajó, é um ritmo típico do Nordeste. Exemplo: a dança de roda ao ritmo do reco-reco, do pandeiro e do carimbó, um atabaque de cerca de um metro de comprimento, cavado em um tronco.

> **Cateretê ou catira**: apareceu na época colonial, mais especificamente na zona rural do Sul do Brasil.

> **Choro**: elevou-se no Rio de Janeiro, por volta do século XIX. Tem em sua trajetória conjuntos baseados no violão, no cavaquinho e na flauta.

> **Dança do boi**: mostrou-se no Norte e é conhecido como *axé*, retratando elementos da natureza, entre eles os animais.

> **Forró**: surgiu no início do século XX nas casas de dança das cidades nordestinas, marcado pelo som de zabumbas, triângulos e sanfonas.

> **Samba**: elevou-se nas rodas de escravos que praticavam a umbigada, daí o significado da palavra *samba*, isto é, "bater o umbigo".

> **Cantigas de roda**: são músicas com autores, na maioria desconhecidos, que retratam, normalmente, lendas do folclore. Apresentam letras e composições simples e rimas e coreografias divertidas.

> **Brinquedos cantados**: são formas básicas de dança e envolvem o ritmo e o movimento.

> *Funk*: emergiu no Brasil por meio de práticas corporais no estado do Rio de Janeiro nas décadas de 1970-1980. Na educação, as produções sonoras por meio de paródias coletivas criadas com base em *funks* são bastante divertidas. Em plataformas digitais, como o YouTube,

é possível encontrar músicas nesse ritmo adequadas a crianças pequenas.

Os ritmos sugeridos fazem parte do repertório cultural brasileiro e, por esse motivo, precisam ser valorizados na educação de crianças. Dessa forma, a sugestão de abordá-los no cotidiano da escola pode ser ampliada para as famílias, já que as crianças reproduzem nos diversos espaços sociais em que convivem aquilo que aprendem na escola. O pequeno cidadão brasileiro deve ser atendido em suas necessidades também por meio do acesso a bens culturais de qualidade.

1.3 REFLEXÕES ACERCA DAS POLÍTICAS PÚBLICAS NA EDUCAÇÃO DE CRIANÇAS NO BRASIL

É fato que no Brasil existem diversos segmentos políticos e sociais de cuidado e educação de crianças. No século XX, a creche era vista como um espaço de cuidado de crianças por mulheres mães, e não por professoras, visão que perdurou até meados da década 1990. Essa concepção deturpa a identidade da instituição de educação infantil, além de ser um forte contingente ideológico, uma vez que a população não compreende a creche como um espaço de educação de crianças, as quais são sujeitos de direitos e merecem uma educação de qualidade.

As mudanças econômicas e culturais influenciaram na estruturação das famílias e na educação das crianças pequenas em diferentes camadas sociais. Isso contribuiu para o aumento da demanda e a implementação de políticas de educação/cuidado infantil. Porém, as políticas para expansão do atendimento distinguem a qualidade da educação e dos cuidados destinados a crianças com melhores ou piores condições financeiras. "Quando o alvo é a população pobre, negra e de zona rural, essas políticas se pautam por um discurso da necessidade de atender pobremente a pobreza" (Rossetti-Ferreira; Ramon; Silva, 2002, p. 66).

A educação infantil requer profissionais formados, capacitados para desenvolver propostas pedagógicas para a autonomia da criança. Rosemberg (1995) esclarece que a expansão das creches no final da década de 1960 e início dos anos 1970 foi resultado das reivindicações e propostas de movimentos urbanos e feministas. As mulheres participaram ativamente da luta pelo direito à creche e, em 1979, o Movimento Luta por Creches foi criado oficialmente. A criação das creches na década de 1980 atendeu à reivindicação, mas criou um impasse: eram destinadas às famílias de baixa renda, deixando de fora as mulheres que efetivamente lutaram por esse direito. Mesmo as creches sendo criadas a partir da mobilização das mulheres, o círculo da creche não foi rompido, pois as vagas foram direcionadas apenas a alguns grupos.

Sorj (2013) destaca a existência da desigualdade nas experiências da maternidade na vida das mulheres trabalhadoras e observa que a legislação relaciona a pessoa trabalhadora com a pessoa que contribui para a Previdência Social. Dessa forma, as mulheres que trabalham informalmente, mas não contam com carteira de trabalho, salários e, por conseguinte, contribuição em impostos são negligenciadas pelas políticas públicas. Assim, a maternidade tem consequências para a carreira profissional das mulheres, fortalecendo ainda mais as desigualdades entre mulheres em ocupações formalizadas e não formalizadas.

Por meio de lutas de classes e do feminismo, o cenário apresentou algumas transformações no decorrer do século XX e, com efeito, as mulheres conquistaram um pequeno espaço no mercado de trabalho remunerado. Isso ocorreu por meio da reestruturação das economias capitalistas, do crescimento do setor de serviços e da aceleração do processo de outras pessoas estarem responsáveis pelo cuidado de crianças pequenas, sendo agora compartilhado com instituições públicas ou privadas.

No decorrer dos séculos XX e XXI, as famílias passaram por transformações em seus papéis sociais e, nessa perspectiva, Sorj (2013) explica que existem significativas diferenças entre homens e mulheres nessa prática social. As responsabilidades femininas se ampliam no trabalho, na formação e na carreira. Nesse sentido, a autora esclarece que é atrelada ao gênero feminino a responsabilidade de conciliar o mercado de trabalho e o cuidado da família, de modo que as mulheres, muitas vezes, assumem os diversos compromissos sem que o poder público lhes ofereça suporte suficiente e adequado para que possam integrar-se ao mercado de trabalho de maneira mais tranquila. A maioria das mulheres arca sozinha com a sobrecarga de trabalho e conta com outras mulheres para o cuidado dos filhos e das tarefas domésticas.

Contudo, vale ressaltar que a oferta de creches e pré-escolas contribui qualitativamente para a emancipação feminina. O acesso às creches e às pré-escolas é uma maneira de socializar o cuidado, que guarda uma relação positiva com o trabalho das mães e tem um potencial de estimular seu desenvolvimento econômico e possibilitar maior autonomia.

As condições sociais das famílias influenciam na percepção de suas responsabilidades perante a infância. Situações como trabalho infantil, abandono, privação cultural, más condições de higiene pessoal, sanitárias e alimentares, falta de tempo para a reflexão sobre valores e o convívio em sociedade, entre outras tantas, servem de obstáculos no processo de desenvolvimento e aprendizagem infantil. A aprendizagem e o desenvolvimento infantil requerem condições favoráveis por parte da família e da escola, de forma que a educação infantil pública precisa ser mais bem valorizada.

Nessa perspectiva, Dubet (2004) destaca que as medidas compensatórias relacionadas à meritocracia são defendidas por diferentes segmentos da sociedade. A meritocracia considera que os estudantes devem se esforçar para conseguir um bom desempenho, uma vez que a escola é uma oportunidade de superarem suas diferenças sociais. "As sociedades democráticas escolheram convictamente o mérito como um princípio essencial de justiça: a escola é justa porque cada um pode obter sucesso nela em função de seu trabalho e de suas qualidades" (Dubet, 2004, p. 541).

Um exemplo dessa concepção é o sistema de bolsas de estudos em escolas elitistas para filhos de trabalhadores menos favorecidos economicamente. Essa prática é bastante antiga, e as condições sociais e econômicas entre os estudantes mais ou menos favorecidos economicamente são desiguais, o que pode ser percebido ao se analisarem suas experiências, suas condições de acesso à informação, à alimentação, à moradia e à cultura. "Essas desigualdades estão ligadas às condições sociais dos pais, mas também ao seu envolvimento com a educação, ao apoio que dão aos filhos, bem como à sua competência para acompanhá-los e orientá-los" (Dubet, 2004, p. 542).

Nesses aspectos, indiscutivelmente, as interações são diferentes. As famílias com melhores condições têm mais oportunidades para orientar seus filhos no processo educacional; já as mais pobres, que, na maioria, nem sequer completaram o ensino fundamental, estão em condições desiguais, muitas vezes sub-humanas, o que é um fator decisivo na qualidade do cuidado e da atenção para com os filhos. "O modelo de igualdade de oportunidades meritocrático pressupõe, para ser justo, uma oferta escolar perfeitamente igual e objetiva, ignorando as desigualdades sociais dos alunos" (Dubet, 2004, p. 542).

No que diz respeito à educação pública, observa-se que algumas condições diminuem a igualdade de oportunidades. É fato que os docentes enfrentam dificuldades em lidar com o comportamento dos estudantes e nem sempre têm formação adequada para compreender suas reações e atuar com as dificuldades de aprendizagem provenientes de deficiências, transtornos ou más condições de vida. Nesse sentido, "os alunos que fracassam não são mais vistos como vítimas de uma injustiça social e sim como responsáveis por seu fracasso" (Dubet, 2004, p. 543). Dessa forma, a autoestima dos estudantes é afetada e, como reação, muitos deles abandonam a escola.

Campos (1999) aponta que, no século XX, surgiu a preocupação com os direitos humanos, a cidadania e a democracia. Em alguns aspectos, houve avanços, mas, em outros, retrocesso. A desenfreada corrida capitalista atinge também quem deveria ter como objetivo e foco principal o desenvolvimento daqueles que chegam ao mundo totalmente dependentes em seus aspectos biológico e social; aqueles que têm um papel fundamental no momento em que o pequeno vê, ouve e é tocado pela primeira vez: a família. Assim, a escola faz, seguidas e exacerbadas vezes, o papel dessa família e deixa de cumprir sua função social primordial: ensinar.

Mudanças nessa área ainda estão em curso e dependem muito dos profissionais da educação, da família, do Estado e de suas políticas públicas para o atendimento à criança. Nessa perspectiva, com relação aos direitos das crianças, a Constituição Federal de 1988 e a reformulação da LDBEN trouxeram muitas questões quanto ao brincar, ao cuidar, ao educar e à formação docente. Algumas delas foram respondidas, enquanto outras expressaram contradições no que se refere às políticas públicas e à realidade social e educacional.

Como informa Campos (1999, p. 124),

> *A Constituição de 1988 é o novo marco legal no qual desembocam todas essas lutas e demandas: as que vêm da educação, formuladas de maneira a integrar a creche e a pré-escola no sistema educacional; as que se originam do movimento das mulheres, contempladas nessa proposta para a educação e na ampliação do direito à creche no local de trabalho também para os filhos dos trabalhadores homens e para toda a faixa dos zero a seis anos; as trazidas pelo movimento dos direitos humanos [...].*

A LDBEN possibilitou às famílias que encaminhassem suas crianças entre 0 e 5 anos de idade a creches e pré-escolas públicas, diretamente ou em convênio com entidades filantrópicas e comunitárias e com escolas particulares. Embora uma das reivindicações da população fosse que esses espaços estivessem presentes nos bairros, Campos (1999) sinaliza que a percepção da população sobre esses direitos e sua tradução em políticas educacionais e práticas pedagógicas ainda não são bem compreendidas.

Nesse sentido, levantamos a reflexão sobre o papel da escola e, ao dedicarmos um olhar mais atento e maduro aos profissionais da educação infantil, podemos observar que estes ainda apresentam diferentes ações pedagógicas. A educação de crianças envolve um rol de possibilidades que, muito além de cuidados, é constituído por interações, afetos, movimentos, criatividade, enfim, um mundo já descoberto e a ser redescoberto diariamente.

Na primeira década do ano 2000, a educação infantil foi abordada como estratégia de combate à pobreza. O conceito de equidade considerou a igualdade de oportunidades, sendo que "a educação teria papel fundamental na distribuição de oportunidades e assim, como já mencionado, seria uma indicada estratégia para amenizar as disparidades sociais" (Campos, 2013, p. 197). Nessa década, considerou-se a educação como chave para a expansão das capacidades humanas das pessoas pobres, tendo como pressuposto que, quanto mais cedo a criança for educada, maiores serão suas oportunidades de desenvolvimento psicofísico e social. Porém, o conceito de capacidade humana não pressupõe, tampouco sustenta, a existência de um Estado que garanta os diretos sociais, mas forja a ideia de caridade. As políticas públicas para as crianças menores de 3 anos definiram que a educação em tempo integral deve ser cumprida, o que evidencia seus avanços na proteção e na assistência, garantidas pelas áreas de saúde e assistência social, que, com efeito, delegam à educação a promoção de condições para o atendimento aos direitos sociais das crianças, reconvertendo questões políticas em questões técnicas. Assim, as ações de cuidado são asseguradas pela assistência social e pela saúde e, embora o cuidar esteja presente na prática pedagógica dos professores que atuam com crianças de 0 a 5 anos, eles devem se preocupar com a educação dos pequenos.

Quanto à educação infantil no contexto das políticas focais, Campos (2013, p. 204) esclarece que

> *Conceber as crianças como sujeitos sociais concretos e as problemáticas que constituem a infância na contemporaneidade como resultantes de determinações sociais, econômicas, políticas e culturais historicamente construídas leva-nos a postular que a defesa de sua educação como meio para garantir sua educabilidade posterior e, assim, como mediação necessária para a ruptura do chamado ciclo vicioso da pobreza constitui-se em um discurso de cunho ideológico que tanto mantém elementos das antigas práticas políticas assistenciais e filantrópicas quanto*

lança mão de dispositivos de legitimação calcados nas ideias de direito e justiça social.

De fato, conceber a educação infantil como direito é resgatar conceitos ressignificados, como o de cidadania. Os programas compensatórios não podem ser mais valorizados do que a cidadania relacionada à garantia de direitos da criança e de suas famílias. A creche e a pré-escola precisam concretizar sua função pedagógica e assegurar a qualidade da educação infantil de acordo com o definido nas Diretrizes Curriculares Nacionais para a Educação Infantil (DCNEI) (Brasil, 2010).

Vale ressaltar que a Constituição Federal destaca a responsabilidade da etapa da educação infantil, que passou a ser dever do Estado e direito da criança (Brasil, 1988). Tal concepção direciona a educação e a prática pedagógica considerando a criança como um ser histórico e social e e contrariando a educação compensatória proposta nas décadas de 1970 e 1980, que responsabilizava a escola pela resolução de problemas sociais como a miséria.

Por conseguinte, a educação infantil passou a ser responsabilidade do Estado. Tal fato representou um significativo avanço na visão assistencialista; isso porque a Constituição Federal, ao definir que "O dever do Estado com a educação será efetivado mediante a garantia de: [...] IV – educação infantil, em creche e pré-escola, às crianças até 5 (cinco) anos de idade " (Brasil, 1988, art. 208), possibilita uma obrigação para com o sistema educacional. Entretanto, o caminho construído pela descentralização e pela municipalização do ensino encontra desafios e, portanto, o Estado deve repassar aos municípios recursos justos e condizentes com as necessidades da educação infantil, o que nem sempre ocorre e, por consequência, dificulta a qualidade da educação pública.

A Constituição também contempla algumas questões a respeito da problemática do atendimento educacional da criança. No âmbito da educação, os municípios têm mais responsabilidade no que se refere ao ensino fundamental e à educação infantil. Contudo, no que diz respeito às políticas públicas de atendimento à educação de crianças, a creche e a pré-escola foram finalmente reconhecidas como instituições educativas que fazem parte do sistema educacional brasileiro. Nesse processo, contribuiu também a aprovação da Lei n. 8.069, de 13 de julho de 1990, conhecida como *Estatuto da Criança e do Adolescente* (ECA) (Brasil, 1990), e da Lei n. 8.742, de 7 de dezembro de 1993, conhecida como *Lei Orgânica de Assistência Social* (LOAS) (Brasil, 1993), que são legislações que reconheceram os municípios como responsáveis pela infância e pela adolescência.

Vale destacar que a Lei n. 14.176, de 22 de junho de 2021 (Brasil, 2021), alterou a LOAS no que se refere ao benefício de prestação continuada (BPC), um auxílio que reverbera como recurso de assistência social que oferta proteção à família, à maternidade, à infância e à velhice.

Com a consolidação da LDBEN, a institucionalização da educação infantil passou a ser competência dos sistemas municipais de ensino nos respectivos territórios: "As creches e pré-escolas existentes ou que venham a ser criadas deverão, no prazo de três anos, a contar da publicação desta Lei, integrar-se ao respectivo sistema de ensino" (Brasil, 1996, art. 89); "A educação escolar compõe-se de: I – educação básica, formada pela educação infantil, ensino fundamental e ensino médio; II – educação superior (Brasil, 1996, art. 21); "A formação de docentes para atuar na educação básica far-se-á em nível superior, em curso de licenciatura plena, admitida, como formação mínima para o exercício do magistério na educação infantil e nos cinco primeiros anos do ensino fundamental, a oferecida em nível médio, na modalidade normal" (Brasil, 1996, art. 62).

Nessa etapa de reconhecimento da educação infantil, ocorreu a organização em duas modalidades, sendo a primeira direcionada a crianças de 0 a 3 anos de idade, oferecida em creches ou entidades equivalentes, e a segunda direcionada a crianças de 4 a 6 anos de idade, oferecida em pré-escolas. A LDBEN também determinou que, na etapa de educação infantil, a avaliação dever ser "mediante acompanhamento e registro do desenvolvimento das crianças, sem o objetivo de promoção, mesmo para o acesso ao ensino fundamental" (Brasil, 1996, art. 31, I).

No entanto, apesar de a LDBEN definir a articulação entre cuidado e educação, as crianças de nossas creches e pré-escolas apresentam muitas dificuldades em seu processo de aprendizagem, no que diz respeito tanto a questões cognitivas quanto a aspectos afetivos. Muitas vezes, as crianças se mostram "desligadas" da aprendizagem por não conseguirem organizar vínculos com o processo, e o educador fica perdido ao buscar soluções para isso.

Nesse sentido, Mello (2008, p. 54) esclarece que, com frequência, o "conhecimento novo não é visto como interessante, belo e misterioso, mas sim como invasivo e assustador. O ambiente não é confiável o bastante para permitir que novos elementos se apresentem, alterando sua rotina".

Os adultos, professores e educadores, precisam ajudar a criança e suas famílias a lidar com novas situações, participando do processo de construção do conhecimento com constância. Assim, professores e educadores acompanham a atual realidade familiar, que não se restringe apenas ao núcleo composto por pai, mãe e filhos, mas sugere outro tipo de tratamento, com respeito e destituído de preconceitos. Mello (2008) ressalta que a transformação das famílias requer uma adaptação por parte da criança, pois ela transpõe os sentimentos envolvidos na mudança de sua rotina para a escola e demais contextos de sua realidade.

Dessa maneira, ao refletir sobre as problemáticas que fazem parte da trajetória da educação infantil, é fundamental buscar ações que melhorem a qualidade desse segmento de ensino, principalmente no que diz respeito à construção de políticas públicas e ações pedagógicas que não fragmentem o processo de ensino e aprendizagem em núcleos acessados por filhos de classes populares ou de classes mais favorecidas economicamente. Isso posto, as instituições de educação não podem ser apenas locais onde os pais deixam seus filhos no período em que trabalham.

1.4 DIRETRIZES CURRICULARES NACIONAIS PARA A EDUCAÇÃO INFANTIL (DCNEI)

As DCNEI foram aprovadas pelo Conselho Nacional de Educação (CNE) em 2009 e objetivam orientar as propostas pedagógicas da primeira etapa da educação básica. O documento representa um avanço na oferta da educação infantil brasileira, já que é resultado de um enorme esforço de movimentos sociais, entidades, pesquisadores e profissionais do campo educacional. O conteúdo dessas diretrizes apresenta proposições para o trabalho pedagógico, reiterando a proposta não escolarizante, destacando a criança como centro do planejamento e apontando suas experiências, que são permeadas pelas linguagens no projeto político-pedagógico.

No processo de ensino e aprendizagem, após a publicação das DCNEI, ficou estabelecido que as propostas pedagógicas "deverão prever condições para o trabalho coletivo e para a organização dos espaços/tempos e materiais que assegurem a educação em sua integralidade, entendendo o cuidado como algo indissociável ao processo educativo" (Oliveira et al., 2011, p. 74). Nessa perspectiva, ser, expressar-se, relacionar-se, mover-se, organizar-se, cuidar-se, agir e responsabilizar-se são parte do todo de cada sujeito, desde o nascimento, independentemente de sexo, credo, raça ou qualquer outro aspecto, e aperfeiçoam-se nas relações de interação com o outro e com o meio.

A esse respeito, de acordo com as DCNEI,

> *A proposta pedagógica das instituições de Educação Infantil deve ter como objetivo garantir à criança acesso a processos de apropriação, renovação e articulação de conhecimentos e aprendizagens de diferentes linguagens, assim como o direito à proteção, à saúde, à liberdade, à confiança, ao respeito, à dignidade, à brincadeira, à convivência e à interação com outras crianças.* (Brasil, 2010, p. 18)

O documento destaca a educação de maneira integral para as crianças, indicando que ela precisa ser suprida por práticas cotidianas que promovam a construção de sua identidade pessoal e coletiva, envolvendo atividades lúdicas. A criança "brinca, imagina, fantasia, deseja, aprende, observa, experimenta, narra, questiona e constrói sentidos sobre a natureza e a sociedade, produzindo cultura" (Brasil, 2010, p. 12).

Corroborando a visão das DCNEI, Oliveira et al. (2011, p. 66) afirmam que "as brincadeiras infantis nem sempre são bem entendidas por certas pessoas, incluindo alguns professores que costumam dizer: 'as crianças estão só brincando', como se ali nada acontecesse!".

A inserção da brincadeira na proposta pedagógica é essencial para estimular a livre expressão, pois é no brincar que a criança experimenta situações cotidianas. Assim, o cotidiano das escolas de educação infantil é planejado e, por meio da organização dos espaços pedagógicos e das situações didáticas, desafia as crianças em todas as suas potencialidades. A escola é o espaço social em que a criança se percebe como parte integrante de um mundo que vai além das fronteiras de sua casa. No espaço escolar, a criança experimenta responsabilidades que lhe possibilitam desenvolver integralmente as competências cognitivas, afetivas, sociais e motoras. Desse jeito, a compreensão de que seu desenvolvimento é integral, e não fragmentado em áreas, pode vir a ultrapassar essa rasa concepção de criança e da brincadeira como passatempo em sua vida.

Barbosa (2009, p. 28) enfatiza que "no convívio, nas ações e iniciativas que realizam, elas [as crianças] vão constituindo seus próprios percursos formativos, ou seja, criam seus caminhos dentro de uma cultura, aprendendo a se desenvolver com autonomia". Nessa perspectiva, a brincadeira e as interações na educação de crianças propiciam a construção de conhecimentos por meio de práticas sociais, linguagens e cultura. Isso confere à escola uma significativa participação na construção de saberes articulados com a realidade social e cultural das crianças, historicamente estabelecida e em consonância com as diversas infâncias.

As propostas pedagógicas de educação infantil citadas nas DCNEI devem, assim, priorizar a qualidade e os seguintes princípios:

> *Éticos: da autonomia, da responsabilidade, da solidariedade e do respeito ao bem comum, ao meio ambiente e às diferentes culturas, identidades e singularidades.*

> *Políticos: dos direitos de cidadania, do exercício da criticidade e do respeito à ordem democrática.*

> *Estéticos: da sensibilidade, da criatividade, da ludicidade e da liberdade de expressão nas diferentes manifestações artísticas e culturais.*
> (Brasil, 2010, p. 16)

Nesse sentido, as propostas pedagógicas para a educação infantil promovem a formação da identidade, considerando as famílias e os profissionais da educação. Esse entendimento é corroborado pela exigência da formação em nível superior para os professores de educação infantil, e a LDBEN foi muito importante nessa trajetória, pois garantiu aos educadores que atuam nesse segmento a não restrição de seu trabalho apenas aos cuidados, de modo a associar sua prática também a ações educativas. Desse modo, a formação para o nível de ensino em questão tem incentivado o debate e pesquisas inovadoras sobre os processos educacionais.

De acordo com a LDBEN,

> *Art. 62. A formação de docentes para atuar na educação básica far-se-á em nível superior, em curso de licenciatura plena, admitida, como formação mínima para o exercício do magistério na educação infantil e nos cinco primeiros anos do ensino fundamental, a oferecida em nível médio, na modalidade normal.* (Brasil, 1996)

As políticas educacionais contribuem para uma ação pedagógica que historicamente vem traçando caminhos difíceis no processo de ensino e aprendizagem para atender aos pressupostos das DCNEI. No entanto, a formação em nível médio ainda é uma realidade no país e obedece a uma diversidade de oportunidades sociais e econômicas para todos os envolvidos com a educação. A legislação brasileira respeita essa característica, mas, como educadores, devemos continuar a nos esforçar para propiciar a valorização do magistério em todas as suas potencialidades.

Cabe acrescentar que a avaliação nessa etapa de educação não pode ser considerada um elemento de promoção para séries posteriores; portanto, a elaboração de estratégias avaliativas por parte dos educadores deve incluir o acompanhamento e o registro dos avanços no desenvolvimento e na aprendizagem dos educandos. Nessa perspectiva, é importante que as instituições considerem os princípios de colaboração entre os profissionais da educação, a família e a comunidade, buscando condições básicas para planejar os usos do espaço e do tempo escolar, a articulação das múltiplas formas de comunicação e a linguagem, as manifestações lúdicas e artísticas das crianças, para que todas as DCNEI sejam contempladas com êxito.

Atualmente, a Base Nacional Comum Curricular (BNCC), de caráter normativo, objetiva orientar a organização dos currículos nas instituições educativas para crianças de 0 a 5 anos.

1.5 BASE NACIONAL COMUM CURRICULAR (BNCC) PARA A EDUCAÇÃO INFANTIL

A BNCC na educação infantil sequencia os documentos e leis que já estavam em vigência no Brasil. Assim, ela traz orientações para a elaboração dos currículos na educação básica. Vale lembrar que, na educação infantil, os eixos que devem estruturar o trabalho pedagógico são as interações e a brincadeira. Contudo, a BNCC foi implementada nas escolas no período de 2019 a 2020 e define o conjunto de aprendizagens fundamentais na educação infantil, bem como pontua que a criança comumente tem a primeira separação de sua família e de seus vínculos afetivos quando entra na creche e na pré-escola. Desse modo, é essencial que o espaço e as propostas pedagógicas acolham situações estruturadas de socialização.

Nesse contexto, a BNCC orienta o trabalho por meio dos eixos estruturantes *direitos de aprendizagem* e *campos de experiências*, com foco nas interações e no brincar, que são fundamentais no processo de aprendizagem, na prática pedagógica e no cotidiano escolar.

A BNCC destaca seis **direitos de aprendizagem**, a saber:

› *Conviver com outras crianças e adultos, em pequenos e grandes grupos, utilizando diferentes linguagens, ampliando o conhecimento de si* e do outro, o respeito em relação à cultura e às diferenças entre as pessoas.

> **Brincar** cotidianamente de diversas formas, em diferentes espaços e tempos, com diferentes parceiros (crianças e adultos), ampliando e diversificando seu acesso a produções culturais, seus conhecimentos, sua imaginação, sua criatividade, suas experiências emocionais, corporais, sensoriais, expressivas, cognitivas, sociais e relacionais.

> **Participar** ativamente, com adultos e outras crianças, tanto do planejamento da gestão da escola e das atividades propostas pelo educador quanto da realização das atividades da vida cotidiana, tais como a escolha das brincadeiras, dos materiais e dos ambientes, desenvolvendo diferentes linguagens e elaborando conhecimentos, decidindo e se posicionando.

> **Explorar** movimentos, gestos, sons, formas, texturas, cores, palavras, emoções, transformações, relacionamentos, histórias, objetos, elementos da natureza, na escola e fora dela, ampliando seus saberes sobre a cultura, em suas diversas modalidades: as artes, a escrita, a ciência e a tecnologia.

> *Expressar, como sujeito dialógico, criativo e sensível, suas necessidades, emoções, sentimentos, dúvidas, hipóteses, descobertas, opiniões, questionamentos, por meio de diferentes linguagens.*

> *Conhecer-se e construir sua identidade pessoal, social e cultural, constituindo uma imagem positiva de si e de seus grupos de pertencimento, nas diversas experiências de cuidados, interações, brincadeiras e linguagens vivenciadas na instituição escolar e em seu contexto familiar e comunitário.* (Brasil, 2018, p. 38, grifo do original)

Já os **campos de experiências**, que devem ser considerados na elaboração do planejamento de práticas pedagógicas com intencionalidade educativa, referem-se às experiências essenciais para o processo de desenvolvimento e aprendizagem infantil, sublinhando noções, habilidades, atitudes, valores e afetos que garantirão o atendimento aos direitos de aprendizagem. A BNCC os estrutura da seguinte forma:

> **O eu, o outro e o nós**: ao chegar à creche ou à pré-escola, a criança tem sua atenção no próprio mundo – EU –, porém interage com outras crianças e com o meio e percebe o OUTRO. Por meio das interações com o meio e as brincadeiras coletivas, ela logo compreende o NÓS.

› **Corpo, gestos e movimentos**: a criança é curiosa e, por isso, interage e explora o espaço e os objetos à sua volta por meio de sentidos, gestos e movimentos. Assim, passa a estabelecer relações, a se comunicar e a se expressar nas práticas que envolvem as linguagens, como a música, a dança, o teatro e as brincadeiras. Nesse sentido, as crianças protagonizam a construção do conhecimento.

› **Traços, sons, cores e formas**: as práticas na educação infantil envolvem a convivência com diferentes manifestações artísticas, culturais e científicas. Por conseguinte, suas vivências constroem experiências em que as crianças desenvolvem seu senso estético e crítico, bem como a autonomia na criação de produções artísticas e culturais.

› **Escuta, fala, pensamento e imaginação**: as crianças têm contato com práticas que envolvem a escuta e a fala, e isso desenvolve a oralidade. No entanto, nas experiências, elas também têm contato com a cultura escrita por meio da literatura e de conversas suscitadas por suas curiosidades.

› **Espaços, tempos, quantidades, relações e transformações**: a criança, desde cedo, demonstra curiosidade sobre o mundo físico, o que inclui seu corpo, os animais e as plantas. Também entra em contato com conhecimentos matemáticos e as relações do mundo sociocultural.

A BNCC também modificou a nomenclatura usada para os segmentos da educação infantil. Isso se deu pelas especificidades dos grupos etários a que se referem os objetivos de aprendizagem e do desenvolvimento dessa etapa. Desse modo, a divisão etária é estruturada em:

> bebês (0 a 1 ano e 6 meses);

> crianças bem pequenas (1 ano e 7 meses a 3 anos e 11 meses);

> crianças pequenas (4 anos a 5 anos e 11 meses).

Contudo, a BNCC destaca que é preciso considerar os grupos etários de maneira flexível, já que existem diferenças e particularidades na aprendizagem e no desenvolvimento de crianças.

Para a continuidade da intencionalidade educativa, é fundamental que se considere a transição entre a educação infantil e o ensino fundamental como um processo, motivo pelo qual a BNCC reforça a ideia de equilíbrio entre as mudanças, sempre favorecendo a integração e a continuidade dos processos de aprendizagem das crianças.

1.6 REFLEXÕES GERAIS SOBRE O PROCESSO DE ENSINO E APRENDIZAGEM

Existem vários aspectos que definem a educação infantil e o processo de ensino e aprendizagem. Conhecer o que propõe a legislação e seus avanços no sentido amplo é mais do que propor a prática, é entender e saber aplicá-la. Como o objetivo da escola é garantir a aprendizagem, os educadores precisam ampliar os conhecimentos sobre a área e inteirar-se sobre a forma como as políticas públicas contribuem para a equidade na educação das crianças. Além disso, toda teoria sofre influência do momento sócio-histórico no qual ela foi construída, e a escolha das concepções e práticas lúdicas passa por um processo de atender a necessidades, valores e interesses de crianças e jovens.

O brincar e o jogar no processo de ensino e aprendizagem implicam o planejamento de aulas mais prazerosas, mas não se pode planejar a prática pedagógica sem considerar os princípios e as orientações das DCNEI e da BNCC, pois isso seria reduzir o ensino à transmissão de conteúdos, destituindo-os de significado, tornando-os atividades dirigidas. O objetivo de conhecer as abordagens teóricas sobre o assunto é aproximar as práticas docentes das características da brincadeira e das interações espontâneas, promovendo a relação entre a realidade externa e interna, o simbolismo e a interatividade entre os participantes.

SÍNTESE

Neste capítulo, abordamos a história da criação das creches na educação brasileira. Com o levantamento dos principais elementos que contribuíram para a criação das creches, sublinhamos a importância da luta das mulheres, depois da inserção delas no mercado de trabalho, para exigir espaços de cuidado e educação de qualidade para as crianças, bem como apontamos alguns caminhos para superá-los na prática pedagógica. Ademais, destacamos questões que evidenciam como as instituições *família* e *escola* na educação de crianças são essenciais para a compreensão dos embates e a superação da educação assistencialista, que, por muito tempo, fez parte da prática dos adultos.

INDICAÇÕES CULTURAIS

ARTIGO

VOLPATO, G. Jogo e brinquedo: reflexões a partir da teoria crítica. **Educação & Sociedade**, Campinas, v. 23, n. 81, p. 217-226, dez. 2002. Disponível em: <https://www.scielo.br/j/es/a/Kkpt6MCF4gdmqm77DzMb8QD/?format=pdf&lang=pt>. Acesso em: 5 jun. 2024.

O artigo apresenta ótimas reflexões acerca do jogo e do brinquedo no campo da educação sob a perspectiva da teoria crítica. A leitura aproximará você da história de alguns brinquedos e das relações do jogo com festas e rituais. Além disso, o texto contempla discussões sobre as transformações que ocorreram em torno de conceitos, usos e significados de jogos e brinquedos, associando-as ao crescente processo de racionalização pelo qual passou o mundo ocidental.

LIVRO

HUIZINGA, J. **O outono da Idade Média**. Tradução de Francis Petra Janssen. São Paulo: Companhia das Letras, 2021.

O livro propicia contribuições para a definição do lúdico na cultura da civilização moderna. Por meio da análise de hábitos, costumes e expressões culturais da época, o historiador holandês cria um retrato rico da França e dos Países Baixos nos séculos XIV e XV.

ATIVIDADES DE AUTOAVALIAÇÃO

[1] No período de 1940 a 1960, a forma assistencialista do discurso médico, como destaca Oliveira (1988), indica a existência de medidas de promoção à saúde junto à população menos favorecida economicamente. Com base nessa ideia, é correto afirmar:

[A] Tais medidas indicam a preocupação com a organização de instituições para crianças e jovens para evitar a marginalidade e a criminalidade.

[B] O assistencialismo na educação de crianças é essencial, pois sinaliza que a escola tem a função de cuidar da saúde infantil.

[C] As ações de cuidados com higiene e alimentação devem ocorrer de maneira prioritária e separadas das ações de educar.

[D] Tais medidas indicam a articulação das ações de cuidado e educação com atividades sistematizadas em sala de aula, excluindo as brincadeiras.

[E] A educação e o aprendizado de conteúdos devem sobrepor os objetivos da prática pedagógica do professor.

[2] Ao considerar a relação entre família e escola, a Constituição Federal estabelece que "É dever da família, da sociedade e do Estado assegurar à criança, ao adolescente e ao jovem, com absoluta prioridade, o direito à vida, à saúde, à alimentação, à educação, ao lazer, à profissionalização, à cultura, à dignidade, ao respeito, à liberdade e à convivência familiar comunitária" (Brasil, 1988, art. 227). Nessa perspectiva, avalie as afirmativas a seguir sobre as ações de educação de crianças na escola.

[I] Devem-se desenvolver ações de cuidado e educação considerando a realidade social e cultural das crianças.

[II] Devem-se planejar práticas educativas que considerem o desenvolvimento cognitivo das crianças, já que o afeto deve ser preocupação das famílias.

[III] As ações com intencionalidade educativa precisam considerar o cuidado e a educação, visto ser de 0 a 5 anos o período de vida em que as crianças necessitam de maior atenção dos adultos.

[IV] As ações de cuidado devem ser priorizadas em relação ao ensino. Assim, os professores devem aproveitar os momentos de higiene para aprofundar questões ligadas ao conhecimento corporal e a hábitos saudáveis.

Agora, marque a alternativa que apresenta as afirmativas corretas:
[A] I e IV.
[B] I e III.
[C] I, II e IV.
[D] I, II e III.
[E] I, II, III e IV.

[3] A inserção da brincadeira na proposta pedagógica é essencial para estimular a livre expressão, pois é no brincar que a criança experimenta situações cotidianas. Nesse sentido, avalie as afirmativas a seguir sobre o cotidiano e a organização pedagógica.
[I] O cotidiano das escolas de educação infantil é planejado.
[II] Por meio da organização dos espaços pedagógicos e de situações didáticas, as crianças são desafiadas e desenvolvem suas potencialidades.
[III] A observação das interações da criança com o meio possibilita a organização de atividades e materiais.

[IV] A organização das atividades e dos materiais deve ocorrer de maneira independente do desenvolvimento e da aprendizagem das crianças.

Agora, marque a alternativa que apresenta as afirmativas corretas:
[A] I e IV.
[B] I e III.
[C] I, II e III.
[D] I e II.
[E] II e III.

[4] As mulheres participaram ativamente da luta pelo direito à creche e, em 1979, o Movimento Luta por Creches foi criado oficialmente. A criação das creches na década de 1980 atendeu à reivindicação, mas criou um impasse. Tendo isso em vista, avalie as afirmativas a seguir sobre o assunto.

[I] As creches públicas eram destinadas às famílias de baixa renda, deixando de fora grande parte das mulheres que lutaram por esse direito.

[II] O cuidado é uma ação essencial para a família, por isso homens e mulheres eram considerados responsáveis pela educação e pelo cuidado das crianças.

[III] As famílias com melhores condições econômicas valorizavam a educação pública e matriculavam seus filhos nessas instituições.

Agora, marque a alternativa que apresenta a(s) afirmativa(s) correta(s):

[A] I e II.
[B] I e III.
[C] I, II e III.
[D] Apenas I.
[E] Apenas II.

[5] Com relação ao direito de aprendizagem *conviver*, proposto pela BNCC, avalie as afirmativas a seguir e marque V para as verdadeiras e F para as falsas.

[ ] Interagir com outras crianças e adultos, em pequenos e grandes grupos, utilizando diferentes linguagens.
[ ] Ampliar o conhecimento de si e do outro.
[ ] Ampliar o respeito relacionado à cultura e às diferenças entre as pessoas.
[ ] A criança bem pequena interage apenas com pares da mesma idade.
[ ] Os bebês não compreendem as interações com outras pessoas, por isso devem conviver apenas com crianças bem pequenas.

Agora, marque a alternativa que apresenta a sequência correta:

[A] V, F, V, F, F.
[B] V, V, V, F, V.
[C] F, V, V, F, F.
[D] V, V, V, F, F.

[E] F, F, F, V, V.

ATIVIDADES DE APRENDIZAGEM

QUESTÕES PARA REFLEXÃO

[1] A LDBEN exige a formação em nível superior para os professores de educação infantil como forma de garantir que as ações desse profissional vão além dos cuidados essenciais com alimentação, higiene e segurança de crianças de 0 a 5 anos. Sobre o assunto, reflita: Quais são os saberes que devem permear a prática pedagógica do professor de educação infantil em relação à educação de crianças? Em sua opinião, o que a LDBEN proporciona em avanços para a prática pedagógica do professor de educação infantil?

[2] As condições sociais e econômicas em que estão inseridas as crianças e suas famílias podem romper com a percepção destas últimas sobre suas responsabilidades perante a infância. Nesse sentido, reflita e discorra sobre as situações da infância roubada pelo trabalho infantil e pelo abandono e sobre a falta de tempo da família para acompanhar o processo de desenvolvimento e aprendizagem das crianças.

ATIVIDADES APLICADAS: PRÁTICA

Atividade 1

Procedimentos

[1] Forme uma equipe com mais três colegas. Juntos, pesquisem sobre a situação da educação infantil no município de vocês por meio de notícias de jornais, artigos da internet etc.

[2] Procurem professores que atuem há mais de uma década na educação infantil e perguntem como era vista a necessidade da creche e da pré-escola antigamente.

[3] Estudem a LDBEN e discutam seus aspectos históricos e políticos e a adequação à realidade do município de vocês, com foco na educação infantil. Façam anotações individuais sobre o material pesquisado.

[4] Discutam os depoimentos em grupo e, durante o estudo, elaborem frases de reflexão sobre o assunto.

[5] Elaborem um texto e um quadro demonstrativo sobre as informações coletadas, como os avanços observados. O quadro pode ser feito em forma de painel ou cartaz.

[6] Planejem uma apresentação, utilizando multimeios, com base na produção de um texto reflexivo sobre os itens 2 e 3.

Elaboração da apresentação

Nesta etapa, observe os seguintes passos:

[1] Escolham um coordenador para a equipe e um relator, que anotará todo o processo de planejamento e elaboração da apresentação.

[2] Definam um título para a apresentação e os objetivos que desejam alcançar.

[3] Escolham os meios a serem utilizados (texto impresso, gravador de áudio e vídeo, aparelho de TV, retroprojetor, computador, projetor de multimídia, transparência e canetas adequadas para a escrita etc.).

[4] Cada integrante deve registrar por escrito suas ideias e dúvidas sobre o tema.

[5] Definam os pontos que cada um deve pesquisar para ampliar o assunto e dividam as tarefas para cada membro da equipe.

[6] Estabeleçam horário e local para a reunião, apresentem os resultados da pesquisa individual e da tarefa de cada um e realizem a integração de todo o conteúdo.

[7] Elaborem a apresentação integrando o texto, o painel ou cartaz produzido e todo o conteúdo selecionado.

Apresentação

Nesta fase final, é necessário:

[1] Apresentar o trabalho às demais equipes;

[2] Solicitar aos colegas que façam uma avaliação oral e por escrito do trabalho, indicando seus limites e seus pontos positivos;

[3] Recolher as avaliações dos colegas e integrá-las ao texto que o relator do grupo vem construindo para compor o portfólio da atividade.

Atividade 2

Após a realização da atividade anterior, individualmente, escreva um relatório registrando como foram o planejamento e a elaboração da apresentação e comentando quais foram as dificuldades encontradas, as superações e as constatações positivas. Indique também quais objetivos foram definidos e quais foram os resultados alcançados. Por fim, faça uma análise da avaliação dos colegas e apresente suas considerações finais sobre o projeto.

dois...

Cuidar e educar:
um compromisso educacional

Neste capítulo, apresentaremos a articulação entre cuidar e educar e, por conseguinte, a leitura deste texto levará você a pensar sobre o cotidiano infantil, a rotina e os conteúdos que podem ser trabalhados de maneira prazerosa. Também teremos como foco a observação da criança em práticas pedagógicas e a sugestão de rotinas em que se pode conhecer a criança em seu perfil afetivo, social e econômico, pois, brincando e interagindo, ela expressa seus sentimentos, medos, curiosidades e interesse. Assim, os assuntos abordados na prática pedagógica tornam-se significativos.

O objetivo é refletir sobre a diferença entre as duas ações – cuidar e educar – de modo a relacionar as necessidades e as potencialidades de cada grupo de crianças. A abordagem contemplará as práticas pedagógicas que exemplificam a formação integral da criança, considerando-a como um sujeito ativo no processo de construção do conhecimento.

2.1 CONSIDERAÇÕES INICIAIS

É importante que você tome as sugestões apresentadas neste capítulo de acordo com sua realidade, já que as práticas emergiram de diferentes trabalhos na educação infantil, apontando caminhos e possibilidades de trabalhos lúdicos com as crianças. A autonomia é um ponto essencial a ser conquistado pelo futuro professor de educação infantil ao elaborar sua proposta pedagógica na instituição em que atuará. Outra questão a ser apontada como parte integrante do planejamento e de sua prática é a rotina a ser estabelecida com as crianças.

A diversidade social resulta da busca pela superação dos desafios que emergem no processo de desenvolvimento afetivo e cognitivo. De acordo Bassedas, Huguet e Solé (1999, p. 54), "uma das finalidades da escola de educação infantil seria a de compensar as diferenças quando as crianças são muito pequenas e ajudar a prevenir possíveis dificuldades posteriores no decorrer da escola obrigatória e vida adulta".

A educação infantil abrange um período em que a brincadeira e as interações são eixos norteadores da prática pedagógica e favorecem o desenvolvimento integral das crianças. Assim, mesmo que se proponha a superação da educação infantil compensatória, essa etapa da vida escolar precisa ter identidade própria, com estrutura e funcionamento coerentes com a organização de objetivos direcionados às necessidades das crianças de 0 a 5 anos. Com efeito, a escolarização das crianças não é o foco da educação infantil, mas faz parte do processo de ensino e objetiva favorecer seu amplo desenvolvimento.

Conforme Bassedas, Huguet e Solé (1999, p. 54),

> *Mesmo estando absolutamente de acordo com as críticas à escolarização na pré-escola, não se pode negar que é preciso ter uma estreita relação entre a etapa infantil e os primeiros cursos da etapa do ensino fundamental. É importante que entendamos que, na escola, as crianças estão em contato com os expoentes culturais da sociedade em que vivem, sendo necessário que isso sirva, aos poucos, para que elas se apropriem desse aspecto, ao nível que lhes seja possível em sua idade.*

Procuramos, neste ponto, provocar a reflexão sobre a articulação entre cuidar e educar por meio da apresentação de práticas vivenciadas, e é importante que você reflita sobre os relatos que encontrar ao longo deste livro. O objetivo desse encaminhamento é dividir com você as experiências vivenciadas ao longo de nossa trajetória nas instituições de educação infantil das redes pública e privada, que fizeram parte da construção de nosso conhecimento em educação infantil.

A etapa da educação infantil é importante para que as crianças participem ativamente de experiências e ampliem o desenvolvimento de suas capacidades. Nessa perspectiva, a prática pedagógica nas creches e nas pré-escolas contribui para o enfrentamento das desigualdades sociais e culturais, situando a criança em sua singularidade ante a diversidade cultural, social e econômica em que está inserida. É fato que cada criança tem características próprias que precisam ser percebidas por seus professores. Fique atento ao relato apresentado a seguir.

Uma vivência na pré-escola

Era uma tarde de outono. Ao entrar na turma do pré, observei que uma das crianças estava triste. Eu me aproximei dela, sentando-me no chão para ficar mais próxima. Olhando em seus olhos, perguntei se algo tinha acontecido, porque ela parecia triste. Ela me olhou nos olhos e, como se esperasse aquele momento, contou-me que sua mãe havia ficado brava com ela quando tentou cortar suas unhas, porque ela resistiu e não deixou. Percebi que eu poderia fazer algo, mas o quê?

O relato destaca um cenário comum em sala de aula e nos faz refletir sobre o papel do professor nas instituições de educação infantil. Ao longo da história, podemos perceber que a ação de cuidar das crianças enquanto suas mães ou responsáveis trabalham permeou praticamente toda a atividade nas creches e nas pré-escolas. Porém, a partir da década de 1980, educadores, pedagogos e professores começaram a perceber que era necessário articular ações de cuidado a conteúdos sistematizados. Em reuniões pedagógicas, as discussões entre alguns desses profissionais apontavam que as crianças, incluindo os bebês, já interagiam umas com as outras, com os objetos e com o meio, de maneira interessada e curiosa. No entanto, ainda havia dúvidas quanto aos aspectos metodológicos a serem desenvolvidos, em parte por falta de conhecimentos específicos, já que até essa época não se exigia formação para as pessoas que trabalhavam na educação infantil.

Desde o início da vida, o bebê interage com o meio, de modo que é necessário propiciar momentos de qualidade. Uma possibilidade de prática envolve a literatura infantil.

> **Para refletir**
>
> Contar histórias para bebês? E eles entendem alguma coisa? É possível estimular o desenvolvimento de linguagens em crianças tão pequenas?

Desenvolvendo trabalhos em cursos de capacitação, em diferentes regiões do país, muitas vezes ouvimos de educadores questionamentos sobre a aplicabilidade da leitura para bebês, pois estes são muito pequenos, o que lhes deixaria sem condições de entender o que é contado. Nesse contexto, devemos observar que, depois da Lei de Diretrizes e Bases da Educação Nacional (LDBEN) – Lei n. 9.394, de 20 de dezembro de 1996 (Brasil, 1996) –, surgiram outros documentos orientadores da prática pedagógica, como o Referencial Curricular Nacional para a Educação Infantil (RCNEI), do qual destacamos o seguinte trecho:

> *Educar significa, portanto, propiciar situações de cuidados, brincadeiras e aprendizagens orientadas de forma integrada e que possam contribuir para o desenvolvimento das capacidades infantis de relação interpessoal, de ser e estar com os outros em uma atitude básica de aceitação, respeito e confiança, e o acesso, pelas crianças, aos conhecimentos amplos da realidade social e cultural.* (Brasil, 1998, p. 23)

As Diretrizes Curriculares Nacionais para a Educação Infantil (DCNEI) já estabeleciam que o cuidar e o educar são indissociáveis e a Base Nacional Comum Curricular (BNCC) sublinha que as ações de cuidar e educar estão alinhadas aos direitos de conhecer e explorar o mundo, oportunizando experiências essenciais para a sistematização dos conhecimentos na etapa posterior, o ensino fundamental (Brasil, 2010, 2018).

Nesse sentido, Junqueira Filho (2005, p. 11) destaca como elemento norteador de sua proposta as **linguagens geradoras** e propõe "conceituar crianças e professores como sujeitos-leitores, uns dos outros, interlocutores em produção de um diálogo finito e ilimitado em busca de conhecimento e intervenção sobre si e o mundo". Com base nessa acepção, o ato de educar é concebido considerando-se a interação intencional entre professor e educando, o que, para o autor, ocorre por meio de uma multiplicidade de linguagens "em que as crianças produzem-se como crianças, os professores produzem-se como professores e, juntos, produzem a relação pedagógica" (Junqueira Filho, 2005, p. 11).

Com relação à forma como o professor poderia articular cuidado e educação, apresentaremos alguns planejamentos referentes a determinados conteúdos, buscando orientar a ação pedagógica desse profissional de acordo com a BNCC. Lembre-se de que as práticas pedagógicas aqui não têm como objetivo propor fórmulas, pois foram elaboradas com base na observação da realidade de crianças de diferentes estados brasileiros, cabendo, assim, a cada professor elaborar seu planejamento conforme as características próprias de seu cotidiano.

2.2 CUIDAR E EDUCAR NA PRÁTICA

As práticas propostas a seguir podem ser desenvolvidas com crianças bem pequenas ou pequenas e, por isso, são adequadas para a idade de 3 a 5 anos. O objetivo é identificar os hábitos que podemos construir quando enfocamos os cuidados com o corpo para a promoção da saúde. Participar de brincadeiras para o desenvolvimento da imagem corporal e sua relação com o meio também é o propósito desse encaminhamento, já que o campo de experiências "Corpo, gestos e movimentos" integra os saberes a serem abordados.

2.2.1 UMA PRÁTICA PEDAGÓGICA, NÃO UM MODELO

Para a articulação entre cuidado e educação, destacamos os campos de experiências "O eu, o outro e o nós" e "Corpo, gestos e movimentos".

Você pode convidar as crianças a formar um círculo de que você também fará parte. Pergunte como percebem os cuidados de higiene no cotidiano. Como fazem? Quem as auxilia? O que sabem sobre o assunto? Esse momento é importante, pois a criança tem a oportunidade de expressar verbalmente sua experiência no que diz respeito à sua rotina de higiene. Explique que a higiene corporal é necessária para mantermos a saúde. Após a apresentação do assunto, proponha às crianças uma prática.

> **Banho de papel**
>
> Proponha a organização das crianças em um círculo no pátio, debaixo de uma árvore ou em algum lugar acessível. Inicialmente, comente com as crianças sobre quais são as partes do corpo: cabeça, cabelos, braços, axilas, unhas, abdômen, joelhos, pés, dedos etc. Após a exploração, diga que vão iniciar o banho.

Ofereça uma folha de papel para cada criança e peça que a amassem com as duas mãos e depois desamassem. Assim, além de estimular a coordenação motora fina, a folha de papel ficará mais maleável. Diga que devem amassá-la novamente, formando um sabonete, pois, geralmente, é isso que usamos para higienizar o corpo. Peça, então, que, com mímica, abram o chuveiro e imite, com as crianças, as ações do banho. Ainda com mímica, faça de conta que vai fechar o chuveiro.

Nesse momento, fale qual é a importância da água e por que devemos economizá-la. Em seguida, peça que desamassem a folha de papel e a deixem no formato de xampu. A brincadeira continua até que todas as ações do banho sejam trabalhadas.

Ao final, para a avaliação da prática, sente-se com as crianças e converse sobre a experiência, dando espaço de fala para todas e aproveitando para explicar e aprofundar o assunto. A conversa apontará a você o significado que os alunos deram ao conteúdo trabalhado e os caminhos e recursos que podem ser utilizados na sequência.

2.2.2 REFLETINDO SOBRE A PRÁTICA

Entre as muitas funções da escola, educar é a fundamental. Ao sistematizar temas e vivências das crianças em seu cotidiano, a escola cumpre essa função. Por isso, a prática apresentada justifica-se por integrar o conhecimento sobre o corpo em diferentes dimensões às ações de cuidado, o que pode ser visto em uma perspectiva inversa, desde que ambas caminhem unidas e contextualizadas. É essencial "conviver com outras crianças e adultos, em pequenos e grandes grupos, utilizando diferentes linguagens, ampliando o conhecimento de si e do outro, o respeito em relação à cultura e às diferenças entre as pessoas" (Brasil, 2018, p. 38).

No início deste capítulo, mencionamos uma conversa com um aluno de pré-escola sobre uma situação que ele viveu com sua mãe, que queria cortar suas unhas. Evidentemente, trata-se de uma ação de cuidados, porém, para uma articulação com o educar, devemos partir de uma situação real, na qual o aluno aponta sua realidade e seu conhecimento. Dessa forma, cuidados e educação são sistematizados e integrados por meio de recursos didáticos, lúdicos e fundamentação teórica, o que fará com que o aluno amplie seu conhecimento.

Aproximando-se dessa proposta, Abramowicz e Wajskop (1999, p. 13) explicam que

A programação diária deve contemplar momentos de trabalho orientado e momentos livres, além da higiene e da sua alimentação. O mais adequado é que se possam estabelecer vínculos entre os trabalhos propostos e as brincadeiras das crianças, através da oferta de materiais e espaços comuns, articulados em torno dos projetos desenvolvidos.

Assim, a dimensão que envolve o termo *cuidar* na primeira infância encontra novas faces conceituais, e aqui destacamos que o cuidado implica cuidar do outro em todos os aspectos. Montenegro (2001) reflete sobre os significados do cuidado ao desenvolver a concepção de que parte de um programa de formação consiste na educação moral dos educadores. Nessa perspectiva, é preciso nos desvencilharmos do conceito de cuidado como uma capacidade primária, pois, se uma ética de cuidado não depende de disposições inatas ou precoces, é possível torná-la objeto de um programa de formação que visa preparar pessoas para a atividade de cuidado, e essa formação tem implicação moral.

> **Importante!**
>
> Considerando-se a criança um ser integral, que se desenvolve social, corporal, cognitiva e afetivamente, a prática pedagógica ocorre na interação entre educando e educador, que, por isso, deve aproveitar as experiências, os interesses, as motivações e os conhecimentos prévios das crianças.

Ao conceito de cuidado na educação infantil, Montenegro (2001) soma os componentes morais, cognitivos e sociais, inseridos em um contexto cultural, e destaca a importância de os profissionais da educação infantil abordarem a educação moral. Nesse sentido, a ação de cuidado pode ser definida em um duplo sentido, um envolvendo a ação do pensamento e da reflexão e outro a aplicação do espírito, o que, para a autora, é concretizado em atitudes para com o outro, confirmando a explicação dada pelos etimólogos sobre o termo *cuidar*, voltado para a objetividade e a subjetividade (Montenegro, 2001).

Entretanto, nem sempre o cuidado é entendido como um segmento da prática pedagógica na educação infantil. Muitas vezes, presenciamos nas instituições de atendimento às crianças pequenas uma hierarquização entre as funções de professores e outros profissionais, como as "cuidadoras", que não têm formação docente. Há aqueles professores com melhor formação e que, por isso, consideram-se mais preparados para as atividades educativas tomadas como escolarizantes, assim como há os que ainda não têm uma formação específica para realizar tais atividades e, consequentemente, são subdelegados às funções de cuidado, como alimentação, banho, troca de roupa e de fraldas e higiene.

Nesse contexto, Montenegro (2001) destaca os aspectos morais como parte da formação para o cuidado na educação infantil, partindo da articulação entre cuidado e educação e ressaltando que, mesmo que essas ações nunca tenham estado separadas, na ação do professor devem ser pensadas de modo integrado. Conforme essa perspectiva, as ações de cuidado podem ser enriquecidas pelo trabalho de profissionais formados para o desenvolvimento de atividades programadas. Assim, o futuro educador pode refletir sobre as ações das pessoas envolvidas com as crianças na creche e na pré-escola quando dissociam o cuidar do educar no trabalho das auxiliares e das professoras, separando ações que podem e devem caminhar integradas.

Pensar sobre o cuidado, nessa concepção de integração às atividades educativas, é entender o cuidar com uma significação emocional, exigindo do profissional habilidades para as relações interpessoais. Atualmente, quando se trata de afetividade, muito se fala em competências socioemocionais. De acordo com a BNCC, trabalhar com essas competências no processo de ensino e aprendizagem na escola é fundamental, pois desenvolve a capacidade de empatia, foco e persistência, responsabilidade e tolerância ao estresse, bom como estimula a criatividade e o interesse artístico (Brasil, 2018).

A abordagem de Montenegro (2001) corrobora as reflexões apontadas na BNCC no que se refere à articulação entre cuidado e educação e à importância da relação afetiva entre o professor e a criança na educação infantil. Essa relação de afeto não ocorre apenas no sentido de "acarinhar", de "utilizar palavras carinhosas", mas no estudo que esse profissional desenvolve, e no qual também está inserido (Montenegro, 2001). O afeto que o educador se propõe a doar para a criança na educação infantil deve partir de sua formação, de suas pesquisas, dos cursos de capacitação de que participa, das reflexões sobre suas leituras, para que possam ser interiorizados conceitos articulados às vivências com os pequenos. O ato de cuidar, nesse sentido, torna-se uma ação pedagógica.

Na tentativa de aprofundar o conceito de cuidado, cabe destacar que, conforme Montenegro (2001, p. 66), o cuidado está carregado de emoções, mas o professor, em sua prática, "possui habilidades um tanto técnicas para lidar com as relações interpessoais". Nas palavras da autora:

> *No entanto, se o cuidado está presente nas relações estabelecidas em todas as profissões que envolvem a relação entre as pessoas em que a saúde, a vida ou*

> *o crescimento do outro dependem dessa relação, a educação infantil constitui um campo paradigmático para esse estudo, pelo caráter ampliado das polarizações entre o campo da afetividade e da racionalidade.*
> (Montenegro, 2001, p. 82)

Contudo, ainda existem resquícios da visão assistencialista da educação infantil, o que estabelece certa hierarquização entre quem cuida e quem educa, como se percebe nas ações da auxiliar, que faz a troca, alimenta etc., e do professor, que desenvolve as atividades pedagógicas. Quais podem ser as atitudes do professor que se propõe a cuidar e a educar?

Montenegro (2001) entende que a ação moral de cuidar traduz-se em generosidade, assumindo um significado moral. Assim, ela destaca a relação entre o cuidado e as mulheres e aponta que essas ações não são valorizadas socialmente, mas que, na tentativa de superação dessa visão, podem ser associadas à autonomia e não à dependência. Baseando-se em Descartes, citado por Cottingham (1995), a autora explica que, quando uma pessoa pratica uma ação generosa, está conscientizando-se de suas paixões, despindo-se de centrar-se apenas em si mesma e propondo-se a ter boas atitudes em relação ao outro.

Portanto, as atitudes do professor que se propõe a cuidar e educar perpassam pela ação moral e não se restringem à noção de justiça, e sim identificam o caráter pessoal na resolução dos chamados *conflitos morais*. Com efeito, cabe aos profissionais da educação infantil, da creche e da pré-escola refletir sobre suas ações com as crianças ao lidar com toda a diversidade social, cultural e econômica expressa nas interações dos pequenos no espaço escolar. Sabemos que a escola é um reflexo da sociedade e, nesse sentido, os pequenos expressam gestos, palavras e comportamentos de acordo com o meio em que vivem. Não é função do educador julgar esses comportamentos, e sim ajudar a criança a identificar as próprias atitudes e construir ações autônomas e dignas.

Desse modo, ao despir-se de "pré-conceitos" em relação às condições sociais, culturais, econômicas, entre outras, em que as crianças estão inseridas, o educador constrói atitudes positivas em relação a si e ao outro. Mas o que mais o professor poderia fazer quanto às necessidades das crianças?

No caso da criança do relato da prática que chegou à escola expressando corporal e oralmente sua tristeza por conta da situação vivenciada em casa, o professor necessita ter conhecimento sobre a importância da afetividade e da psicomotricidade. O ser humano exprime seus sentimentos pelo corpo, pelo olhar, pelos gestos. A **afetividade** é uma área significativa na relação ensino-aprendizagem. Quando decodificamos os aspectos afetivos nas reações das crianças, como ansiedade, medo e frustração, podemos buscar caminhos para dar significado a esses sentimentos presentes nas relações humanas.

Assim, ao conversar com a criança, a professora em questão foi além da significação de seus sentimentos; ela também encontrou o momento propício para intervir pedagogicamente nos interesses e nas necessidades infantis. Ao desenvolver a prática sobre higiene e aprofundar o tema, espera-se que o aluno relacione os conteúdos com a experiência vivida e, a partir daí, mostre autonomia nos cuidados corporais, que passam então a ser fundamentados pelo conhecimento pesquisado e organizado pelo professor.

2.3 CUIDAR E EDUCAR NA PRÁTICA COM BEBÊS E CRIANÇAS BEM PEQUENAS

O momento dedicado à higiene e ao banho de bebês, crianças bem pequenas e crianças pequenas objetiva **explorar** movimentos, gestos, sons, formas, texturas, cores, palavras e sensações (Brasil, 2018). Em associação a esse objetivo, a prática pode favorecer o desenvolvimento da imagem corporal e a percepção de ações do banho como forma de cuidados higiênicos com o corpo no cotidiano, além de estimular a oralidade por meio de verbalizações onomatopeicas e balbucios na hora do banho.

O espaço do banho é organizado para que o bebê se sinta confortável. Para isso, é fundamental observar a temperatura da água. Por terem pele mais sensível, as crianças podem se queimar a temperaturas mais baixas do que as suportadas pelos adultos.

> **Importante!**
>
> No mercado, existem termômetros próprios para medir a temperatura da água. Caso você não tenha acesso a esse recurso, coloque a parte inferior do antebraço na água e perceba se está morna. A temperatura pode variar entre 35º C e 37º C e deve adaptar-se à estação do ano.

Coloque o bebê na água com cuidado e suavidade. É importante, nesse momento, falar com ele sobre o que será feito, olhar em seus olhos, perceber sua expressão. Você pode colocar uma música infantil para tocar, de modo que o ambiente fique mais aconchegante. O momento da higiene é propício para estimular a oralidade do bebê, falando o nome das partes do corpo cada vez que as tocar. Ofereça também pequenos brinquedos, como bichinhos ou chocalhos de borracha, livros próprios para serem manuseados no banho etc., os quais também devem ser nomeados.

O bebê de 0 a 1 ano ainda não expressa verbalmente o que deseja, porém emite sons como balbucios e onomatopeias, que podem servir de base para o adulto estabelecer um diálogo com ele. Ao perceber a possibilidade de comunicação entre ela e o adulto, a criança sente-se estimulada a interagir. Nesse sentido, a prática contempla o direito de aprendizagem **conhecer-se**.

Você pode observar as reações da criança nos aspectos sensoriais e orais. É um trabalho contínuo, que deve ser avaliado conforme o aprendizado e o desenvolvimento da criança e as relações que ela estabelece à medida que é estimulada.

Como abordamos nesse texto, as ações de educar e cuidar são indissociáveis no que diz respeito à função pedagógica da educação infantil. Tal concepção deve-se ao fato de as duas ações estarem interligadas historicamente, pois as discussões a esse respeito têm sido estabelecidas tanto com as escolas quanto com as famílias. Porém, é certo que essa articulação, geralmente mal interpretada, levou a uma concepção reducionista da ação de cuidar. Muitas vezes, a ação pedagógica é entendida como a prática de atividades ligadas ao ensino de conceitos. Nesse sentido, tais atividades se diferenciariam das ações humanas, que também fazem parte do processo de desenvolvimento e aprendizagem infantil. Essa dicotomia ainda encontra resistência por parte de educadores e familiares e, por isso, a educação infantil ainda carece de clareza sobre a concepção de criança como sujeito de direitos e protagonista no processo de ensino e aprendizagem.

> **Importante!**
>
> Ainda hoje há educadores que resistem à formação, argumentando que, para trocar fraldas, não precisam estudar. Respostas como essa demonstram que ainda há muito que se avançar na educação infantil de qualidade no país.

Os Parâmetros Nacionais de Qualidade para a Educação Infantil definem que as crianças devem ser auxiliadas nas atividades que não puderem realizar sozinhas, ser atendidas em suas necessidades básicas, físicas e psicológicas e ter atenção especial por parte do adulto em momentos peculiares de sua vida (Brasil, 2006). As crianças dependem dos adultos para garantir sua sobrevivência. Por conseguinte, vale ressaltar que as interações entre os adultos e as crianças precisam proporcionar o desenvolvimento da autonomia, e isso envolve o cuidado.

Podemos pensar o ato de cuidar no sentido de ajudar a criança em seus desafios, objetivando o desenvolvimento de sua autonomia. Para Kamii e Devries (1986, p. 36), "a essência da autonomia é que as crianças tornem-se aptas a tomar decisões por si mesmas levando em consideração os fatores relevantes para agir da melhor forma para todos". Nesse sentido, embora as crianças dependam do professor, este pode proporcionar ações concretas no sentido de levá-las à independência, estimulando-as à tomada de decisões e proporcionando interações com o outro, com os objetos e com o espaço.

Desse modo, a organização do espaço pelo professor precisa possibilitar interações entre as crianças e o ambiente para favorecer o desenvolvimento da cooperação e da autonomia. Ao organizar o espaço da sala de aula, por exemplo, o ambiente deve ser projetado de maneira criativa, observando-se o cotidiano da criança. Onde ficará a água, longe ou ao alcance dos pequenos? Onde ficarão os brinquedos, os livros e os fantoches? Quais são os objetos que fazem parte do cotidiano da criança? Como desenvolver a rotina de forma a organizar o trabalho pedagógico e, ao mesmo tempo, possibilitar um ambiente de interação?

É importante que os objetos que fazem parte do cotidiano da criança, como a mamadeira, sejam utilizados para além de sua função primordial, suscitando outras formas de estimulação, que propiciem a aprendizagem relacionada a nomes, texturas, cores e formas.

Com efeito, a concretização da concepção de educar e cuidar em práticas educativas é um grande desafio para os profissionais da educação infantil e familiares. Tal questão demonstra a estreita relação entre a educação infantil e a família, sendo que ambas precisam ter clareza de seus papéis e responsabilidades.

2.3.1 O COMPROMISSO DO EDUCADOR NA ARTICULAÇÃO ENTRE CUIDAR E EDUCAR

O educador infantil tem um compromisso ético, que é evidenciado em sua relação com a criança. Segundo Alves (2004), "a primeira tarefa da educação é ensinar a ver [...] eu gostaria de sugerir que se criasse um novo tipo de professor, um professor que nada teria a ensinar, mas que se dedicaria a apontar os assombros que crescem nos desvãos da banalidade cotidiana".

A proposta do autor a respeito da ação do professor é que se deve investir em um processo de ensino e aprendizagem em que estão envolvidos, além do educador, desejos, curiosidades, necessidades e interesses dos educandos. O professor saberia que toda criança, principalmente a que frequenta a educação infantil, ao entrar na escola pela primeira vez, está curiosa e quer conhecer o novo, o diferente, e tem a necessidade de se expressar.

Pensando nisso, você pode organizar um ambiente no qual a criança sacie sua necessidade de tocar, sentir, ouvir, falar, movimentar-se e demonstrar suas emoções e sentimentos. Observe a imagem a seguir.

FIGURA 2.1 – CAIXA DE ENCAIXE

Maria Cristina Trois Dorneles

Você pode também aproveitar para orientar as explorações da criança, o que favorece o desenvolvimento motor, cognitivo e socioafetivo, integrando uma abordagem dinâmica entre o cuidar e o educar.

A prática pedagógica do educador precisa considerar a criança um sujeito de direitos, como a própria Constituição estabelece. A criança é um sujeito com direito de brincar, conhecer, questionar, ou seja, um sujeito que constrói seus saberes. Isso possibilita uma educação que liberta. A BNCC destaca que o **brincar** cotidianamente de diversas formas, em diferentes espaços e tempos, com diferentes parceiros diversifica o acesso a produções culturais (Brasil, 2018). Nessa perspectiva, o papel do professor é de mediador, e não de detentor do conhecimento. Como explicam Freire e Shor (1986, p. 46), "a educação libertadora é, fundamentalmente, uma situação na qual tanto os professores como os alunos devem ser os sujeitos cognitivos, apesar de serem diferentes".

Com efeito, o professor que desejar despir-se de "pré-conceitos" com relação às condições sociais e econômicas das crianças refletirá sobre a infância em sua totalidade, percebendo a individualidade de cada criança, que traz consigo uma história de vida. Assim, ao iniciar uma atividade educativa, você pode propiciar momentos de troca e interação, estimulando a reflexão sobre os saberes e as ideias entre as crianças. Nesse momento, a ação mediadora do professor ocorre por meio de questionamentos, dinamizando o diálogo com seu conhecimento para que as crianças se sintam à vontade para falar, dar suas opiniões e, portanto, conhecer realidades distintas daquelas em que estão inseridas.

É fundamental que o professor e os adultos envolvidos no processo de ensino e aprendizagem na educação infantil tenham consciência de que a construção do conhecimento somente é significativa quando há trocas e sentimento de reciprocidade entre os sujeitos, quando um valoriza o outro e sabe que pode aprender com ele, por meio da convivência e das relações estabelecidas no contexto da diversidade cultural. O trabalho do educador, nesse sentido, exige uma postura objetiva, clara e consciente, que envolve criatividade e transformação, de modo a priorizar uma prática voltada às necessidades e aos interesses do educando, e não centrada no professor e em seus preconceitos.

A formação de docentes precisa destacar metodologias que possibilitem a construção da identidade profissional na formação inicial e continuada, na (re)elaboração diária e contínua da qualidade de sua prática pedagógica, além do reconhecimento e da valorização de seu trabalho. Como todo profissional da educação, o educador infantil necessita compreender-se como um sujeito que aprende, sabendo que seu fazer docente se constrói com base em reflexões, análises e reconstruções acerca de si mesmo.

Assim, a inserção desse profissional na realidade escolar – o relacionamento estabelecido com os educandos, com as famílias, com os outros profissionais envolvidos e com a comunidade escolar –, de forma integrada, é uma maneira de qualificar sua prática e possibilitar eixos condutores qualitativos para um processo educativo pautado nos princípios de uma educação emancipadora e libertadora.

Para Bassedas, Huguet e Solé (1999, p. 132), a afetividade, inserida nas relações cotidianas entre adulto e criança na educação infantil, é indispensável para que a criança se sinta segura e veja no professor a figura de alguém que "possa cuidá-la e protegê-la, compreendendo-a em suas interrogações e angústias para poder explorar e estimular todas as suas capacidades". As autoras comentam que o professor é um referente, um interlocutor, uma ajuda no processo do crescimento infantil. Na escola, encontramos uma grande variedade de situações nas quais os meninos e as meninas manifestam sua alegria, sua insegurança, seus temores. É muito importante a maneira como as educadoras tratam essas situações para que se consiga o bem-estar necessário da criança, de modo que ela possa aprender e desenvolver-se com segurança.

Nesse sentido, as situações educativas vivenciadas pelo educando na escola e o tratamento por ele recebido das pessoas nesse contexto são muito importantes na formação do conceito de si mesmo. Com efeito, a escola infantil precisa organizar a proposta pedagógica com base em situações e experiências que possibilitem a aprendizagem de habilidades, atitudes e conceitos, de maneira a ampliar o desenvolvimento das capacidades envolvidas nesse processo.

Educar, nessa perspectiva, significa proporcionar à criança tempo, espaço e vivências de formas e naturezas diversas, por meio de recursos como ludicidade, oportunidades de expressão e representação que potencializem a capacidade de a criança reconhecer-se como sujeito, de estar com outras pessoas, convivendo e aprendendo com a diversidade sociocultural.

A seguir, apresentamos algumas dicas práticas para o professor sobre a organização do ambiente e a interação com o bebê, além de atividades a serem aplicadas com bebês e crianças bem pequenas.

Dicas práticas de educação e cuidado

› Prepare o ambiente de maneira que todos os bebês interajam com o espaço, com você e com os materiais. Coloque os bebês sobre um tapete grande. Os que ainda não se sentam podem se apoiar em almofadas.
› Pegue o bebê no colo e embale-o ao som de cantigas de ninar.
› Fale calmamente com ele, faça carícias que demonstrem suavidade e gerem prazer sensorial.
› Ofereça-lhe objetos, leve-o a lugares diferentes dentro da creche, deixe-o em outras posições para exploração livre de movimentos corporais, preensão etc.
› Vivencie com as crianças formas básicas do movimento por meio de brincadeiras (andar, deslizar, empurrar, puxar, balançar, manusear, sustentar, tocar).
› Explore materiais como caixas de papelão com recortes e objetos de diferentes tamanhos e formas.
› Ofereça um saco de tecido contendo diferentes objetos e brinquedos de borracha (cuidado com o tamanho dos objetos escolhidos, pois a criança encontra-se na fase oral).
› Realize atividades recreativas na areia, na água, na grama etc.
› Faça atividades com bolas de borracha, cordas, tecidos, saquinhos de areia etc.

> **Atividades com movimentos respiratórios**: visam estimular a criança a respirar corretamente, envolvendo a inspiração e a expiração e sua relação com as partes corporais e hábitos saudáveis.

> **Atividades sobre os hábitos higiênicos**: utilize filmes, cartazes e livros com imagens e, em uma roda de conversa, fale com as crianças sobre os hábitos que todas as pessoas têm em seu cotidiano, incentivando-as a falar sobre eles. Elabore uma comparação entre diferentes hábitos e explique a construção destes nas relações sociais.

> **Imitação de animais**: práticas lúdicas envolvendo o movimento dos animais visam à percepção dos diferentes grupos de animais existentes, seu contexto de sobrevivência e suas formas de locomoção. Auxilie as crianças com fotos, filmes, textos e figuras para que tenham subsídios para realizar a representação. Utilize materiais como papéis, cola, fita-crepe, giz de cera, tinta guache etc. Pode também ser proposto um tema para a dramatização: a selva, um acampamento na floresta etc.

> **Atividades com música**: a proposta de trabalho envolvendo a música pode começar com as canções infantis, para que a criança movimente o corpo de acordo com o ritmo oferecido. Enquanto as crianças dançam, ofereça a elas instrumentos para serem explorados, como chocalhos feitos de lata, de copos de iogurte ou de potes transparentes, latas, garrafas plásticas e baquetas de madeira e de plástico.

2.4 A ROTINA E A PRÁTICA PEDAGÓGICA

A rotina é uma etapa importante do planejamento e é por meio dela que o professor coloca em prática tudo o que foi previsto para ser desenvolvido diariamente. Essa reflexão, apresentada por Abramovicz e Wajskop (1999), destaca que a rotina, apesar de organizar as ações que acontecem no tempo e no espaço da educação infantil, pode ser flexível, já que requer do professor atenção aos interesses e às necessidades da turma.

Nesse sentido, o professor e os demais profissionais das instituições de educação infantil, ao organizarem a rotina, têm por objetivo orientar a ação da criança, proporcionando-lhe segurança enquanto ela interage com espaços, atividades, objetos e outras crianças na creche.

Quando bem organizada pelo educador e elaborada com base na observação das necessidades das crianças, a rotina ajuda os educandos a agir e interagir no meio para seu desenvolvimento integral. Para isso, a rotina deve prever momentos em que a criança tenha experiências de interação social, sublinhando atitudes em relação a si, aos objetos e ao outro.

Bassedas, Huguet e Solé (1999) propõem que as atividades coletivas sejam incorporadas na rotina de maneira que a criança aprenda a fazer parte de um grupo, identificando suas ações e as dos outros com o bem coletivo. Atividades como rodas de conversa, nas quais se percebe quem veio à escola e quem faltou, canções, dramatizações, exercícios psicomotores, jogos de linguagem, pintura coletiva, experimentos com o auxílio do professor são propostas indicadas pelas autoras para estimular a socialização. Observe a imagem a seguir.

FIGURA 2.2 – JOGO DE ATIRAR

Maria Cristina Trois Dorneles

O jogo ilustrado consiste em tentar derrubar os blocos, arremessando uma bola confeccionada com jornal amassado. Essa prática contribui para o desenvolvimento da coordenação motora, da atenção e da concentração.

Para avançarmos na explicação sobre a importância das práticas no cotidiano dos bebês e das crianças, destacamos o relato a seguir.

Matias vai para a creche!

A mãe de Matias, de 1 ano e 3 meses, estava preocupada porque ele iria para a creche dali a poucos dias. Ela já havia escolhido em qual centro de educação infantil seu filho iria após muita pesquisa pelo bairro onde morava. Conversou com a pedagoga da instituição, que lhe explicou como seria a rotina de Matias enquanto estivesse lá. A mãe, então, ficou ansiosa pensando como seu filho se adaptaria a tudo o que estava por vir e resolveu passar um dia com ele na creche.

Na segunda-feira, com tudo preparado, ela saiu cedo com o filho a caminho da creche. Chegou às sete horas, pois trabalhava fora e esse seria o horário em que teria de deixá-lo todos os dias. Logo foi recebida, na entrada, por uma atendente chamada Eunice,

> muito carinhosa. Eunice deu bom dia à mãe e ao Matias, que já andava. A mãe olhou para a educadora e deu dois passos à frente, parou e ficou observando tudo à sua volta. As duas o seguiram, mas o menino viu as paredes decoradas e, com seu andar ainda descoordenado, correu para tocar nas figuras com temas infantis que pareciam ser de seu tamanho.
>
> Parou novamente e explorou-as, tocando-as, acariciando-as; até chegou a rasgar um pedaço da figura de um ursinho de papel.
>
> Em seguida, a professora se uniu aos colegas de Matias e, assim, todos subiram a rampa que dava acesso à sala. A mãe, que esperava ansiosa, surpreendeu-se ao ver seu filho tão pequeno, curioso, interagindo com o novo espaço que seria reconhecido e conquistado.

A entrada de bebês e crianças pequenas na creche sempre suscita alguma insegurança para as famílias. Junqueira Filho (2005), em seus estudos sobre as linguagens geradoras[a], ex-

---

a. "As linguagens geradoras são um jeito de ler, são uma estratégia de rastreamento e articulação do professor para identificar e problematizar os conteúdos programáticos mais significativos na vida das crianças nas creches e pré-escolas" (Junqueira Filho, 2003, p. 86).

plica que o planejamento das situações pedagógicas concerne à seleção e à articulação dos assuntos abordados no processo de ensino e aprendizagem e das linguagens que fazem parte da rotina de seu grupo de educandos, envolvendo três elementos: (1) professor, (2) crianças e (3) proposta pedagógica.

FIGURA 2.3 – ELEMENTOS QUE ARTICULAM O PROCESSO DE ENSINO E APRENDIZAGEM E AS LINGUAGENS

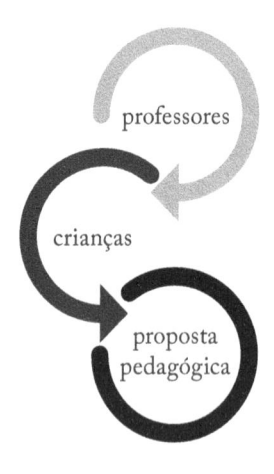

professores
crianças
proposta pedagógica

Fonte: Elaborado com base em Junqueira Filho, 2005.

O **professor**, ao planejar as situações didáticas, define os objetivos e faz a escolha das linguagens a serem incluídas na prática – oralidade, arte, música, dança, movimento, entre outras. Essa escolha incentiva a ação das **crianças** no meio, já que elas respondem às suas **propostas**, acatando ou não os desafios propostos nas práticas. Desse modo, as situações pedagógicas elaboradas pelos professores de maneira consciente e de acordo com a realidade das crianças contribuem para o desenvolvimento da individualidade.

Assim como a mãe de Matias estava ansiosa com os primeiros dias do filho na creche, também algumas crianças se sentem ansiosas e inseguras por estarem fora de seu ambiente familiar, longe de seus brinquedos e objetos pessoais, e a rotina organizada ajuda a amenizar essa insegurança. Assim, "a rotina ajuda a criança a prever ações e a situar-se em relação aos acontecimentos e aos horários da creche. Enfim, ela permite o aparecimento do novo, do inusitado" (Abramowicz; Wajskop, 1999, p. 26). Porém, apesar de organizada, a rotina não precisa ser rígida. Caso contrário, o trabalho será repetitivo e desinteressante para a criança. A rotina também cumpre o papel de construir limites para que a criança se situe no espaço e no tempo e aprenda a conviver com o outro, pois é por meio dela que os pequenos percebem o ambiente e as sucessões de acontecimentos que fazem parte do cotidiano. Eles sabem, por exemplo, que à tarde, após o jantar, farão a higiene e a troca de roupa e que, quando o professor terminar de contar a história, logo chegará alguém da família para levá-los para casa.

Vale destacar que as histórias infantis são importantes para o desenvolvimento da linguagem e da imaginação. Contar histórias, apesar de ser a atividade escolhida para o fechamento do dia, pode se repetir em outros momentos, desde que com recursos e locais diferentes. Um dia podem ser utilizados fantoches como recurso; em outros, objetos que saem misteriosamente de uma caixa. Imagine a surpresa das crianças se o professor, por exemplo, vestir uma fantasia para contar a história ou a própria criança usar máscaras e fizer parte do cenário? O importante é que os recursos e as linguagens utilizados sejam também refletidos no grupo de crianças.

2.4.1 A ROTINA COMO PARTE DA AÇÃO EDUCATIVA

Nos planejamentos pedagógicos orientados na educação infantil e no contato com profissionais da área, conhecemos muitas opções de rotinas. O interessante é que elas, apesar de se parecerem em um primeiro contato, são diferentes, pois atendem a realidades específicas de cada comunidade, bairro, grupos de famílias e, principalmente, a diferentes propostas pedagógicas.

Sobre esse aspecto, Junqueira Filho (2005, p. 42) destaca que "a vida cotidiana, dentro e fora da escola, se produz e é produzida por múltiplas e diferentes linguagens, tantas quais são as necessidades e desejos produzidos que produzem a vida do homem". Nesse sentido, o educador, percebendo esses aspectos expressados pelas crianças em rodas de conversa, desenhos e pinturas, jogos e brincadeiras que envolvem o movimento, administra a multiplicidade e a diversidade de linguagens produzidas pelos pequenos. As linguagens expressam, portanto, as interações deles com o meio social em que vivem.

Bassedas, Huguet e Solé (1999) lembram ainda que o tempo é um elemento a ser pensado na educação infantil e que, como quase nenhum outro aspecto, é muito subjetivo. Assim, requer o entendimento de que os momentos de aprender, viver e crescer não estão separados na vida da criança. Nessa visão, as autoras afirmam que "a criança cresce e aprende graças à ação educativa das pessoas que a envolvem [...] e às experiências que tem no seu contexto" (Bassedas; Huguet; Solé, 1999, p. 100).

> **Importante!**
>
> A rotina é importante porque ajuda as crianças a aprender a antecipar o que vai acontecer na escola, e isso lhes traz mais tranquilidade e segurança. Lembre-se de que a rotina deve atender às necessidades de cada instituição, tanto no que se refere à sua proposta pedagógica quanto no que diz respeito ao seu grupo de crianças.

Nessa acepção, Bassedas, Huguet e Solé (1999) abordam a rotina utilizando o termo *jornada escolar* e a definem como um momento que deve considerar o atendimento às necessidades fisiológicas dos pequenos, principalmente na creche.

As autoras observam ainda que alguns momentos são essenciais nessa etapa, como os de jogos, descanso, atividades coletivas (mais curtas), atividades que envolvem contos e fantoches, entre outras. Os jogos motores também devem fazer parte da rotina, pois garantem a interação da criança com o meio pelo movimento. É por isso que as atividades em pátios, áreas com grama e areia são bem-vindas.

2.4.2 ROTINA: PECULIARIDADES DO DESENVOLVIMENTO DE BEBÊS E CRIANÇAS BEM PEQUENAS

A rotina é um momento especial para o educador estimular a criança em suas áreas motora, cognitiva e social. A estimulação, portanto, pode ocorrer respeitando-se a individualidade de cada criança, de forma a possibilitar um desenvolvimento integral.

A acolhida dos pequenos é fundamental para que se sintam bem e confiem no espaço escolar. Bassedas, Huguet e Solé (1999) destacam que esse momento tem grande influência na adaptação da criança à escola. O educador pode ter atitudes seguras, mas sempre observando a maneira como a família e a própria criança veem esse momento.

As atividades pensadas para o momento da acolhida, como jogos de encaixe, jogos de montar, música e contos, podem ser oferecidas às crianças de maneira que elas possam escolher livremente. Essa atitude facilita a interação das crianças com o ambiente. Observe a imagem a seguir.

FIGURA 2.4 – JOGOS EDUCATIVOS

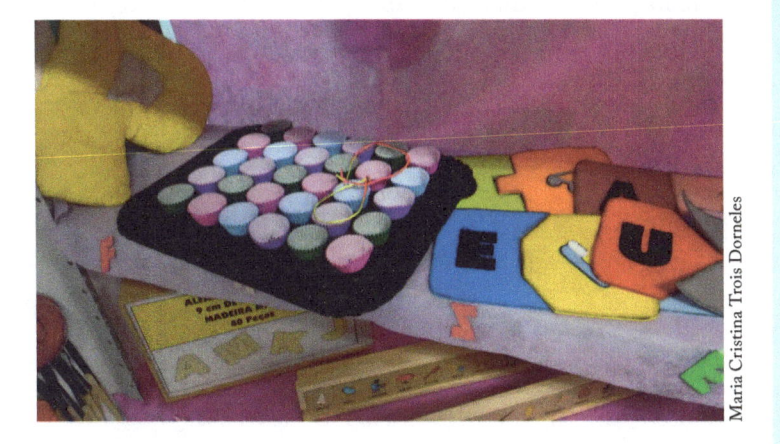

Maria Cristina Trois Dorneles

A imagem retrata jogos e recursos pedagógicos construídos para que as crianças possam aprender os números, noções de tamanho, quantidade, cores e outros aspectos. É fato que os bebês dependem de cuidados no início de sua vida, porém, à medida que crescem, precisam ser incentivados a participar das atividades de seu cotidiano, o que favorece a construção de sua independência.

Entre os muitos momentos significativos da rotina está o da roda de conversa, quando as crianças podem expressar suas ideias e interagir com os colegas, explorar e observar as linguagens utilizadas nas falas e nos gestos, entre outros aspectos. Bassedas, Huguet e Solé (1999) explicam que a criança vai percebendo o grupo, tomando consciência de si e dos outros, relacionando as próprias experiências às relatadas pelos colegas.

Por sua vez, o momento de higienização das mãos é fundamental para aquisição de hábitos de cuidados corporais que mantêm a saúde e previnem doenças. Mas passemos agora para um momento em que a expectativa de pais e professores é muito grande: o desfralde.

> **Para refletir**
>
> Qual é a idade certa para estimular as crianças a deixar as fraldas? Existem maneiras adequadas ou prejudiciais para isso?

Os esfíncteres, musculatura que controla as funções fisiológicas de excreção, requerem certos níveis de amadurecimento. Quando nasce, o bebê movimenta partes do corpo por reflexos, o que facilita sua sobrevivência. Alguns são essenciais na vida dos pequenos, como a sucção e a preensão, pois, por toda a vida, o sujeito utilizará as mãos para pegar e manipular objetos, e a sucção prepara os movimentos intencionais da mastigação e da fala. Como estes, o controle dos esfíncteres também é uma aquisição, requer maturação do organismo e depende do desenvolvimento da criança.

Contudo, o processo de desenvolvimento e maturação pode ser diferente para cada criança. Algumas vezes, presenciamos cenas no cotidiano escolar em que as crianças são forçadas a usar o banheiro, todas ao mesmo tempo, uma ao lado da outra, como se a voz de comando fosse suficiente. É preciso ter um cuidado especial com essa fase – crianças bem pequenas, em geral, começam entre 18 e 24 meses. O adulto tem um papel importante ao mediar a transição, pois o controle dos esfíncteres pela criança constitui um processo complexo que necessita de prontidão nos aspectos biológicos, afetivos, emocionais e sociais. Os pequenos entendem que as fezes e a urina são suas produções e têm um significado especial; noções de higiene, como limpo e sujo, são construídas e obedecem a acordos culturais, por isso a reação a odores acontece de modo diferente para cada criança.

A criança dá sinais de que está molhada ou de que está com vontade de ir ao banheiro. Assim, é necessário observá-la e estimulá-la a usar o penico ou o vaso sanitário – que deve ter o tamanho adequado –, perguntar se ela está com vontade de ir ao banheiro, acompanhá-la e ajudá-la com as roupas. A imitação também é um recurso útil, pois, ao ver outras crianças, ela percebe seu próprio comportamento. É preciso observar também os períodos após a ingestão de líquidos e alimentações diversas e levar as crianças periodicamente ao banheiro.

Bassedas, Huguet e Solé (1999) esclarecem que o controle do esfíncter, momento em que a criança começa a ser estimulada a usar o banheiro para fazer suas necessidades fisiológicas de excreção, é estabelecido na aprendizagem dos primeiros anos de vida. As autoras lembram que, para atingir tal controle, é necessária a maturação dos sistemas nervoso e muscular e do desenvolvimento motor, cognitivo e afetivo. Nesse sentido, a criança precisa interpretar os estímulos do cérebro e compreender socialmente o que significa a vontade de ir ao banheiro.

A autonomia desse ato requer paciência e sensibilidade por parte do adulto, educador ou familiar, pois a criança precisa ser respeitada em seus aspectos biológicos. Todavia, Bassedas, Huguet e Solé (1999) apontam que há outros elementos que auxiliam a criança nesse momento e que devem ser previstos pelos adultos, como a escolha das roupas. O estímulo à limpeza, a adequação dos vasos sanitários ao tamanho da criança e a distância da sala de aula, entre outros aspectos, também são relevantes nesse processo.

2.4.3 ROTINA: PECULIARIDADES DO DESENVOLVIMENTO DE CRIANÇAS PEQUENAS

A rotina é organizada em situações planejadas de acordo com o relógio, no entanto as práticas que acontecem nos diferentes momentos são flexíveis. Bassedas, Huguet e Solé (1999) ressaltam que a organização do espaço possibilita maior interação entre todos, visto que fica fácil encontrar objetos, perceber as atitudes do professor e identificar as próprias atitudes quando as tarefas são modificadas. As autoras explicam que, progressivamente, as crianças devem incorporá-la e exercitá-la, participando dos critérios de ordenação das atividades.

Considerando que a educação infantil é uma etapa importante que pode durar até cinco anos na vida da criança, refletimos que a rotina e o ambiente precisam propiciar conforto e segurança. Assim, o acolhimento das crianças deve ser planejado para que elas se sintam à vontade e os pais tenham segurança ao deixarem seus filhos. Nessa perspectiva, a escola pode conciliar as necessidades da família com a rotina da instituição e garantir que as decisões tomadas pela escola sejam cumpridas e informadas à família. Contudo, vale lembrar que é preciso respeitar o ritmo de adaptação e as peculiaridades de cada criança no ambiente da escola.

A rotina organizada também contribui para o processo de socialização da criança, já que durante o dia diferentes momentos suscitam interações e, por conseguinte, favorecem a convivência, o respeito e a solidariedade. Nesse contexto, as regras surgem para que as crianças possam conhecer as relações entre todos os sujeitos, o espaço e o ambiente, destacando-se a ideia de construção de regras como parte da consciência sobre limites.

> **Para refletir**
>
> Os limites devem ser impostos ou percebidos no contexto educacional?

Para começo de conversa, ressaltamos que os professores buscam conhecer a realidade social e cultural da criança. Por meio das interações, ela vivencia experiências significativas desde os primeiros anos de vida, que contribuirão para as relações que estabelecerá com a sociedade. É fato que muitas crianças que não recebem atenção adequada por parte da família refletem isso em seu comportamento na escola.

Embora as crianças sejam espontâneas e se expressem livremente, quando seu comportamento é inadequado em relação ao outro, ela experimenta consequências, o que envolve as dimensões afetiva, cognitiva e social de seu desenvolvimento.

Apresentaremos, a seguir, uma possibilidade de ação pedagógica que, fortalecida pela observação da realidade dos educandos, pode colaborar para o processo de construção de limites.

Visita ao museu e exercício sobre limites

João (7 anos) estava matriculado no 2º ano do ensino fundamental em uma escola municipal do interior do Rio Grande do Sul. Certo dia, a professora dele avisou que, na semana seguinte, todos visitariam um museu do bairro. O menino ficou curioso, assim como os colegas. A professora explicou o que é um museu, o que iriam encontrar lá e como seria a visita. Entre as explicações, a professora falou sobre o comportamento e as regras que deveriam ser cumpridos por todos. Ela informou que os objetos do museu não poderiam ser tocados por ninguém. João e seus colegas escutaram tudo o que foi dito muito atentos.

No dia marcado, a professora acomodou todos em seus lugares no ônibus que os levaria até o museu. Quando estava perto de chegar ao local tão esperado, ela resolveu retomar algumas explicações importantes, entre elas a regra de que não poderiam tocar nos objetos expostos lá dentro e que deveriam ouvir com atenção todas as explicações dadas pelo guia que os acompanharia.

Chegando ao museu, todos foram muito bem recebidos pelo guia, que os atendeu, explicou como seria o trabalho e retomou a regra da professora sobre não tocar nos objetos. E assim começaram a visita. João, muito curioso, viu uma flecha muito antiga que pertencera a uma tribo indígena que vivia em sua região há mais de 100 anos. Empolgado, esqueceu-se da regra e levou a mão para tocar no objeto. O monitor que os acompanhava chegou perto do menino e retomou a regra. João tirou a mão do objeto bem rápido, envergonhado. Mais à frente, os alunos encontraram partes de uma oca, que tinha mais de 50 anos. João novamente se esqueceu da regra e tentou tocar no objeto, mas, dessa vez, o monitor foi mais rápido que a mão dele e o avisou, o que soou no seu ouvido como uma sirene.

Essa situação já foi vivenciada por muitas crianças e seus professores. E o que isso tem a ver com limite? Uma vez que se estabelecem regras para a convivência em grupo, alguns vão entendê-las e acatá-las logo, mas outros necessitarão de mais tempo. Todavia, para aprendê-las, todos precisam de experiências nas quais possam interpretá-las e colocá-las em prática. As regras são orientadas ora por uma pessoa – a professora, por exemplo –, ora por um grupo, como acontece nas brincadeiras infantis. Quando as crianças brincam, nem sempre as regras estipuladas atendem às necessidades do jogo, devendo, muitas vezes, ser reelaboradas.

A BNCC esclarece que **conviver** com outras crianças e adultos amplia o conhecimento das diferenças entre as pessoas (Brasil, 2018). Com efeito, para que João, o garoto da cena do museu, respeitasse as regras, foi necessário que houvesse a experiência da visita. O menino teve de lidar com sua motivação e curiosidade, o que, no momento, era contrário ao que ele poderia fazer. Para que as crianças aprendam a lidar com as regras, elas precisam enfrentar diversos contextos. É real que experiências como visitas a museus e espaços culturais ocorrem na vida das crianças poucas vezes e se findam na escola. Por isso, enfatizamos que essas experiências são essenciais e contribuem para que as regras possam ser vivenciadas e cada criança se perceba no coletivo. O que queremos dizer é que limites são construídos, não impostos. Assim, vale ressaltar alguns questionamentos que os professores podem fazer ao organizar a rotina e diversificar as atividades:

› De que **limites** estamos falando na escola?

› Quais são as **experiências** de nossas crianças?

› Como as crianças têm acesso aos **espaços culturais** que as fazem avançar em seus conhecimentos?

Para responder a essas perguntas, é necessário que o professor conheça a realidade das crianças e, em vez de impor regras, busque, sempre que possível, criá-las junto com as crianças. É importante que os professores estejam atentos aos conflitos que surgem durante as diferentes formas de atividades em grupo, como nas brincadeiras e nos jogos em que são criadas regras, bem como aos comportamentos observados ao se dividirem espaços comuns, como pátios, refeitórios e a sala de aula.

A construção de regras durante a prática e a rotina escolar com os bebês e as crianças bem pequenas ocorre desde a exploração de espaços e objetos. Cabe lembrar que, até por volta dos 3 anos de idade, a brincadeira é paralela, ou seja, a criança brinca e interage com outro, mas cada um necessita de um brinquedo. Podemos dizer que, nessa etapa, a interação ocorre por meio dos objetos e a exploração da materialidade é o que mais se percebe na brincadeira. Para o bebê, o espaço percebido é o que o circunda; assim, ele necessita explorar primeiro aquilo que o rodeia. Entretanto, quando estabelecemos uma rotina, a criança percebe, na prática, a sucessão de acontecimentos e interage para fazer parte desse contexto.

Já com as crianças bem pequenas, o professor pode mostrar quais são os materiais e os espaços de uso coletivo, como caixas de lápis de cor, folhas e parques, e quais são os de uso pessoal, como a escova de dentes. Já com as crianças pequenas na pré-escola, o professor pode elaborar as regras de convivência em uma roda de conversa. Ele faz as anotações e confecciona junto com os alunos um cartaz com as regras elaboradas. Essas regras podem ser discutidas com o grupo toda vez que não forem respeitadas e, até mesmo, reelaboradas se todos julgarem conveniente. Assim, nem sempre é o não que orienta as ações pedagógicas na escola no processo de construção de limites. Com efeito, cuidar e educar requer uma prática consciente e planejada de modo a significar as experiências na vida da criança. Um dos principais objetivos da educação é formar cidadãos críticos e autônomos.

2.4.4 PRÁTICAS LÚDICAS DE ENSINO E APRENDIZAGEM NA ROTINA

Sublinhamos que os profissionais que pretendem organizar rotinas, espaços e ambientes adequados às brincadeiras e às interações para as crianças precisa conhecer suas dimensões estéticas, funcionais e ambientais, de modo a fazerem modificações que atendam às necessidades e aos interesses das crianças e propicie práticas lúdicas de qualidade para todos. A seguir, no Quadro 2.1, apresentaremos sugestões de práticas lúdicas e, em suas descrições, destacaremos a preocupação com as dimensões do espaço e do ambiente, bem como os campos de experiências tratados na BNCC. Vale ressaltar que nos planejamentos pedagógicos não é necessário que você especifique as dimensões, mas que as considere na organização do espaço e do ambiente. Na sequência, descreveremos as atividades indicadas.

QUADRO 2.1 – PRÁTICAS LÚDICAS DE ACORDO COM AS ETAPAS DE DESENVOLVIMENTO E A BNCC

CAMPOS DE EXPERIÊNCIAS/ ETAPAS	BEBÊS (0 a 18 meses)	CRIANÇAS BEM PEQUENAS (18 meses a 3 anos e 11 meses)
Corpo, gestos e movimento	Cabeça divertida	Circuito motor
Traços, sons, cores e formas	Jogo com formas	Pintura com mingau
Escuta, fala, pensamento e imaginação	Livro do bebê	Cantigas de roda

CABEÇA DIVERTIDA

Ingrid Skåre

Recursos:

› 1 caixa de sapato (cor neutra ou lisa);

› TNT, tecidos, fitas de cetim (tiras de 20 a 30 cm de comprimento);

› Cola quente;

› Cartolina ou papéis coloridos lisos;

› Canetas coloridas.

Como confeccionar:

Corte aproximadamente 30 tiras de 20 a 30 cm de comprimento e 2 cm de largura. Faça furos na tampa de uma caixa de sapatos com o estilete ou um objeto perfurador. Passe uma tira dentro de cada furo da tampa da caixa e dê um nó em cada ponta para ficar bem fixa. Na frente da caixa, desenhe um rosto e, ao lado, as orelhas.

Como brincar:

Organize o ambiente de modo acolhedor. Disponha a caixa ao alcance do bebê e estimule que ele puxe as tiras para fora da caixa (sem retirar) de modo que fiquem como fios de cabelos e formem uma peruca.

JOGO DAS FORMAS

Recursos:

› Papel colorido (azul, vermelho, verde);

› Sobra de papelão;

› Tesoura;

› Estilete.

Como confeccionar:

Recorte uma forma geométrica em cada papel colorido e cole sobre o papelão. Desenhe as mesmas formas geométricas em tamanho grande no chão de um espaço aberto (sala, pátio).

Como brincar:

Convide as crianças a brincar. Explique que vai mostrar uma figura geométrica no papel e que, assim que a reconhecerem, elas deverão correr em direção à mesma forma desenhada no chão. Observe as verbalizações enquanto procuram encontrar as formas corretas (conhecimento das formas e das cores, modo de lidar com os desafios).

Insira algumas variações: por exemplo, "Quem tem cabelo comprido vai para…" (mostre uma forma geométrica de papel). Crie outras possibilidades, como quem está usando tênis, quem gosta de brigadeiro vai para…

LIVRO DO BEBÊ

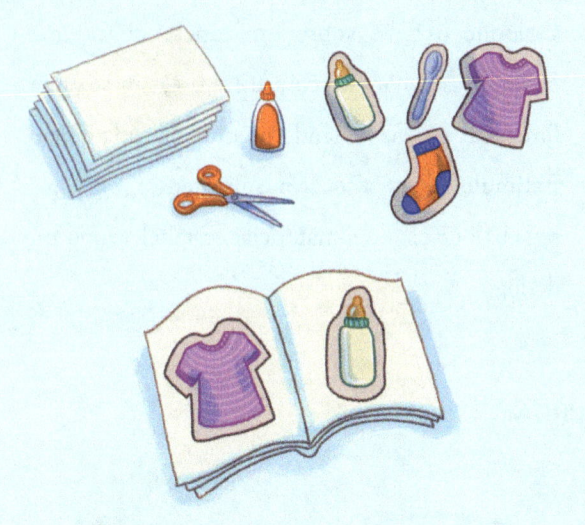

Ingrid Skåre

Recursos:

› 5 folhas de cartolina branca;

› Imagens de objetos do cotidiano (mamadeira, colher, fralda, peças de roupas, entre outros);

› Cola;

› Tesoura.

Como confeccionar:

Crie páginas com os objetos do cotidiano do bebê, colando uma imagem em cada folha. Forme um livro com as páginas.

Como brincar:

Coloque o bebê sobre um tapete ou tatame. Estimule seu contato com o livro e, em seguida, folheie as páginas falando o nome de cada objeto. Estimule o bebê a tocar nas imagens e reproduza seus balbucios e onomatopeias, estabelecendo um diálogo.

CIRCUITO MOTOR

Ingrid Skåre

Recursos:

› 4 arcos (bambolês);

› 4 cones plásticos;

> 1 banco sueco (banco longo de madeira);
> 10 garrafas PET.

Como confeccionar:

Organize um circuito com os materiais em uma quadra esportiva ou pátio. Disponha os materiais em forma de circuito, iniciando pelos arcos, seguidos dos cones, do banco sueco e das garrafas PET.

Como brincar:

Crie movimentos para que as crianças executem no circuito. Elas podem pular com um pé por dentro de cada arco, correr em zigue-zague entre os cones, andar sobre o banco sueco e andar por um caminho entre as garrafas PET.

Insira desafios como realizar o circuito andando e carregando uma bola de borracha. Crie outras formas de movimento com as crianças. Observe as dificuldades motoras – equilíbrio, coordenação motora, lateralidade e orientação espacial – e fique atento à segurança de todos.

PINTURA COM MINGAU

Ingrid Skåre

Recursos:

› 3 copos de **á**gua (1,5 litro);

› Amido de milho (4 colheres de sopa);

› Bacia plástica (40 cm de diâmetro);

› Tinta guache (cores);

› Potes plásticos (copos descartáveis, copos de iogurte higienizados, entre outros);

› Papel branco ou TNT branco (1,5 metro).

Como confeccionar:

Misture o amido de milho na água e leve ao fogo até engrossar. Deixe esfriar dentro da bacia.

Como brincar:

Organize o espaço forrando o piso com papel ou TNT branco. Coloque a bacia com o mingau, os potes plásticos e a tinta guache sobre o papel ou o TNT. Convide as crianças para manusear o mingau e sentir sua textura. Em seguida, proponha que misturem um pouco do mingau com tinta guache nos potes pequenos e pintem sobre o papel ou o TNT branco.

CANTIGAS DE RODA

Ingrid Skåre

Recursos:

› Letras de cantigas de roda;

› Dispositivos eletrônicos (projetor, caixas de som, computador) ou cartolina, canetas hidrográficas, *pen drive* com músicas infantis e aparelho de som.

Como confeccionar:

Crie um *slide* utilizando o aplicativo Canva (ver seção "Indicações culturais") com a letra da cantiga de roda escolhida.

SÍNTESE

Neste capítulo, discorremos sobre a articulação entre cuidar e educar, apontando seus diversos desafios. Buscamos ressaltar a importância das interações entre as crianças, da rotina e da prática pedagógica. Vimos que o cuidado e a educação na escola são essenciais para a formação humana e que as atitudes do professor no tocante às interações da criança possibilitam a construção do conhecimento de modo criativo. Também conferimos que a rotina ajuda a criança a entender sua relação com a creche e a pré-escola, mas que o desenvolvimento das atividades não precisa ser rígido, devendo atender às necessidades e aos interesses da criança. Por fim, destacamos que o professor deve integrar a família na educação das crianças, interagindo com os pais ou responsáveis pelos pequenos, de maneira a mostrar-lhes como as crianças pensam e estabelecem relações com os conteúdos dentro e fora da escola.

INDICAÇÕES CULTURAIS

PLATAFORMA ON-LINE

CANVA. Disponível em: <https://www.canva.com/>. Acesso em: 6 jun. 2024.

Essa plataforma de *design* gráfico permite criar gráficos de mídia, apresentações e conteúdos visuais.

SITES

PALAVRA CANTADA. Disponível em: <https://www.palavracantada.com.br/>. Acesso em: 6 jun. 2024.

Trata-se de uma dupla musical que compõe e canta músicas infantis. Grande parte das músicas é elaborada pela dupla, Paulo Tatit e Sandra Peres. Eles criam letras, arranjos e gravam músicas divertidas para as crianças.

PARANÁ. Secretaria da Educação. **Jogos e brincadeiras**. Disponível em: <http://www.educacaofisica.seed.pr.gov.br/modules/conteudo/conteudo.php?conteudo=173>. Acesso em: 6 jun. 2024.

O *site* apresenta sugestões de brinquedos confeccionados com materiais alternativos e jogos adaptados.

APLICATIVOS DE VÍDEOS

YOUTUBE KIDS. Disponível em: <https://www.youtubekids.com/?hl=pt>. Acesso em: 6 jun. 2024.

Esse aplicativo propicia o contato das crianças com conteúdos seguros e de qualidade.

ATIVIDADES DE AUTOAVALIAÇÃO

[1] Entre as muitas funções que a escola acumula, a de educar é fundamental. Por isso, a rotina deve contemplar

momentos de trabalho orientado e outros livres, além dos cuidados com higiene e alimentação. Com base nessa ideia, é correto afirmar:

[A] O mais adequado é que o professor procure estabelecer relações entre as práticas propostas e as brincadeiras das crianças, articulando os recursos ofertados com os projetos desenvolvidos.

[B] O mais adequado é que o professor procure organizar espaços e materiais livres para a criança explorar, sem ter a necessidade de articular brincadeiras a projetos desenvolvidos.

[C] O mais adequado é que o professor organize espaços e materiais de modo a a proporcionar as ações de cuidados com higiene e alimentação de maneira prioritária e separada das ações de educar.

[D] O mais adequado é que o professor promova a articulação das ações de cuidados e educação com atividades sistematizadas em sala de aula, e não com ações que envolvam as brincadeiras.

[E] As brincadeiras são essenciais na educação de crianças, por isso o brincar não pode ser articulado ao ensino.

[2] A articulação entre cuidar e educar vai além do conhecimento sobre higiene, alimentação, saúde e referenciais teóricos que envolvem as disciplinas escolares. Nessa

perspectiva, analise as afirmativas a seguir sobre as ações pedagógicas do professor.

[I] Ter conhecimento também sobre filosofia, sociologia e psicologia para aproveitar os conhecimentos prévios das crianças.

[II] Observar as atitudes da criança durante as atividades lúdicas para entender o significado de sua relação com o meio.

[III] Observar as atitudes da criança durante as atividades lúdicas, mas, se não tiverem relação com as atividades propostas, interromper seu raciocínio e fazê-la voltar ao conteúdo trabalhado.

[IV] Aproveitar os momentos de higiene para aprofundar questões ligadas ao conhecimento corporal e a hábitos saudáveis.

Agora, marque a alternativa que apresenta as afirmativas corretas:

[A] I e IV.
[B] I e III.
[C] I, II e IV.
[D] I, II e III.
[E] I, II, III e IV.

[3] A criança de até 1 ano ainda não se expressa por meio de palavras, mas emite sons como balbucios e onomatopeias, que podem servir para o estabelecimento do diálogo com o adulto. Analise as afirmativas a seguir sobre o assunto.

[I] O professor observa as reações da criança nos aspectos sensoriais e orais.

[II] O trabalho deve ser contínuo e avaliado conforme o aprendizado da criança.

[III] A observação das interações da criança com o meio possibilita a organização de atividades e materiais.

[IV] A organização das atividades e dos materiais deve ocorrer de modo independente do desenvolvimento e da aprendizagem das crianças.

Agora, marque a alternativa que apresenta as afirmativas corretas:

[A] I e IV.
[B] I e III.
[C] I, II e III.
[D] I e II.
[E] I, II, III e IV.

[4] O ato de cuidar pode ser pensado no sentido de ajudar a criança em seus desafios, desenvolvendo, assim, sua autonomia. Nessa perspectiva, cuidar é:

» valorizar e ajudar a desenvolver capacidades;

» um ato em relação ao outro e a si próprio;

» uma dimensão expressiva que implica a adoção de procedimentos específicos.

Tendo isso em vista, analise as afirmativas a seguir.

[I] Embora os pequenos dependam das ações do professor, este pode propiciar ações concretas no sentido de levá-los à independência.

[II] O cuidado é uma ação essencial para a família; por isso, a escola deve preocupar-se apenas com a educação.

[III] Existe uma estreita relação entre as instituições *família e escola*; por isso, ambas precisam ter clareza de seus papéis e responsabilidades.

Agora, marque a alternativa que apresenta a(s) afirmativa(s) correta(s):

[A] I e II.
[B] I e III.
[C] I, II e III.
[D] Apenas I.
[E] Apenas III.

[5] Leia o texto a seguir e, depois, analise as afirmativas, marcando V para as verdadeiras e F para as falsas.

> Os esfíncteres, musculatura que controla as funções fisiológicas de excreção, fazem parte do desenvolvimento de funções específicas das crianças, o que requer também certos níveis de amadurecimento.

[ ] A criança sinaliza quando está molhada ou deseja ir ao banheiro. Assim, o professor pode observá-la e estimulá-la a usar o penico ou ir ao banheiro.

[ ] O professor pode perguntar à criança se ela está com vontade de ir ao banheiro, acompanhá-la e ajudá-la com as roupas.

[ ] A imitação é um recurso útil, pois, quando a criança vê as outras, percebe seu comportamento.

[ ] O professor deve prever momentos na rotina para todas as crianças irem ao banheiro na mesma hora.

[ ] Não adianta o professor observar os períodos após a ingestão de líquidos e levar as crianças periodicamente ao banheiro.

Agora, marque a alternativa que apresenta a sequência correta:

[A] V, F, V, F, F.
[B] V, V, V, F, V.
[C] F, V, V, F, F.
[D] V, V, V, F, F.
[E] F, F, V, V, V.

ATIVIDADES DE APRENDIZAGEM

QUESTÕES PARA REFLEXÃO

[1] Releia o trecho a seguir sobre a regra como parte de um processo a ser construído durante as situações cotidianas:

> A construção de regras no trabalho pedagógico com as crianças de berçário pode acontecer na exploração de espaços e objetos, sabendo-se que nessa idade a brincadeira é paralela, ou seja, um bebê interage com outro, porém cada um tem os próprios objetos.

O espaço para o bebê é o que o circunda; assim, ele necessita explorar primeiro aquilo que o rodeia. Nesse sentido, como o professor pode organizar um espaço com brinquedos e objetos com diferentes texturas? No maternal, o professor pode organizar um espaço com materiais coletivos, como caixas de lápis de cor, tintas e papel. Como ele pode mediar a utilização desses materiais?

[2] As crianças também são muito envolvidas com os programas de televisão, como desenhos, programas infantis e anúncios publicitários. É comum ouvi-las repetir frases que ouvem na mídia e nas conversas da família. É o que percebemos ao observarmos uma criança que chama a atenção de uma boneca usando as frases empregadas por adultos em diálogos ouvidos na TV ou em casa. Para evitar os problemas decorrentes do excesso de exposição à TV, é importante incentivar a criança a ter contato com outras formas de expressão, como literatura e teatro.

Isso estimula a fantasia, uma vez que traz argumentos às vezes ausentes no repertório cultural da criança.

Nesse contexto, reflita sobre a postura pessoal do professor com relação a situações que expressam o poder da mídia em influenciar a criança na imitação de atitudes adultas, bem como sobre a possibilidade de o professor aproveitar os conteúdos emocionais expressos pela criança em sua interpretação de cenas de novelas, filmes e programas infantis que dizem respeito ao consumismo ou à sexualidade.

ATIVIDADES APLICADAS: PRÁTICA

Atividade 1

Procedimentos

Forme uma equipe com mais quatro colegas. Juntos, escolham uma sala de berçário, maternal ou pré-escolar para a elaboração de uma rotina. Nesta etapa, observem os seguintes passos:

[1] Elaborem, em conjunto, uma rotina, descrevendo atividades que podem ser desenvolvidas com as crianças no decorrer do dia e que tenham por objetivo a construção da autonomia. Vocês podem se basear nas rotinas

apresentadas neste capítulo. A organização da rotina deve ser registrada por escrito em uma cartolina ou papel pardo, para montar um grande painel visível a todos.

[2] Estabeleçam os objetivos a serem alcançados.

[3] Descrevam a rotina, citando o espaço, o ambiente, os recursos e as possibilidades de interação entre as crianças.

[4] Escrevam as ideias e as dúvidas de cada integrante do grupo sobre o tema e elaborem um texto com base nelas.

[5] Definam, em conjunto, os pontos que cada um vai pesquisar e as tarefas que cada membro da equipe vai exercer.

[6] Estabeleçam um horário para vocês se reunirem e apresentarem os resultados da pesquisa e das tarefas individuais, bem como para fazer a integração de todo o conteúdo.

Elaboração da apresentação

A equipe deve elaborar a apresentação em conjunto, integrando os materiais, o texto produzido e o painel.

Apresentação

Nesta fase final, é necessário:

[1] Apresentar às demais equipes o painel e o trabalho;

[2] Solicitar aos colegas que façam uma avaliação oral e por escrito do trabalho, indicando seus limites e seus pontos positivos;

[3] Organizar e integrar os textos.

Atividade 2

Procedimentos

Forme um grupo de três pessoas e juntos pesquisem artigos na internet que abordem a articulação entre cuidar e educar. Nesta etapa, observem os seguintes passos:

[1] Definam, em conjunto, os pontos que cada um vai pesquisar e as tarefas de cada membro da equipe.

[2] Estabeleçam um horário para vocês se reunirem e apresentarem os resultados da pesquisa e das tarefas individuais, bem como para fazerem a integração de todo o conteúdo.

[3] Leiam atentamente o material pesquisado e discutam os pontos em que o grupo concorda ou discorda sobre o assunto.

[4] Elaborem um texto sobre o tema com base nas reflexões individuais de cada integrante do grupo.

[5] Escolham, em grupo, 12 palavras significativas no contexto educar e cuidar, com base nos pontos discutidos pela equipe, como: *cuidar, educar, autonomia, conhecimento, construção, planejamento, educação, infância, direito, cidadania, educador, higiene.*

Elaboração da apresentação

A equipe deve elaborar uma apresentação integrando os materiais, os textos produzidos e as palavras selecionadas, definindo os meios (texto impresso ou retroprojetor) e o material a ser utilizado na apresentação. Para esta etapa, o grupo deve realizar as seguintes tarefas:

[1] Escolham, em conjunto, uma música e escrevam uma paródia que contenha as palavras selecionadas anteriormente. As palavras selecionadas e a paródia da música devem ser registradas por escrito.

[2] Definam o tema e o título da música.

[3] Estabeleçam o objetivo que norteará a interpretação do tema.

[4] Escrevam as ideias e as dúvidas que cada integrante do grupo tiver sobre o tema.

Apresentação

Nesta fase final, é necessário:

[1] Apresentar às demais equipes o trabalho e a paródia;

[2] Solicitar aos colegas que façam uma avaliação oral e por escrito do trabalho, indicando seus limites e seus pontos positivos;

[3] Organizar e integrar os textos (escrito, sonoro e visual).

très...

O brincar e as interações na educação infantil

Neste capítulo, trataremos dos fundamentos da brincadeira no processo de ensino e aprendizagem e buscaremos esclarecer a relevância da organização do espaço e do ambiente, com brinquedos e recursos lúdicos, planejamento de oficinas lúdicas e interações entre todos os sujeitos brincantes – crianças e adultos. Também apresentaremos sugestões de jogos e brincadeiras tradicionais que podem ser incluídos nos planejamentos pedagógicos na educação infantil. Vale ressaltar que a brincadeira é uma representação histórica, social e cultural e, desse modo, sempre pode ser modificada em suas regras e maneiras de brincar para atender às diversas realidades e contextos educativos. Assim, nosso objetivo é ajudar você a conhecer as bases teóricas da brincadeira na infância sob a ótica de Huizinga, Brougère, Piaget e Vygotsky, destacando suas concepções acerca das ações do brincar na infância.

Não se trata de inserir a teoria na prática, mas de conhecer seus pressupostos teóricos para compreender como a brincadeira é entendida na relação entre o desenvolvimento e a aprendizagem infantil.

3.1 CONCEPÇÕES SOBRE O JOGO, O BRINQUEDO E A BRINCADEIRA

Na escola, a criança brinca para se divertir, interagir, imaginar e criar, e o adulto brinca ressignificando as ações lúdicas de sua infância, que agora se tornam prática pedagógica, ou seja, a brincadeira como modo, recurso, metodologia ou prática para o processo de ensino e aprendizagem. Dessa maneira, a observação da criança em situações de jogos e brincadeiras livres é essencial na escola e em qualquer espaço em que a criança transita. Ademais, espaços em que a brincadeira livre ocorre na escola propiciam ao adulto conhecer e identificar os interesses delas, pois, brincando, elas expressam suas emoções e sentimentos e lidam com as questões sociais e culturais do cotidiano. Nesse contexto, os conteúdos a serem abordados na prática pedagógica se tornam mais significativos, já que se pode contar com diferentes linguagens, como a música, o desenho e a dança.

Nesse sentido, o lúdico é tido como forma de expressão, como modo de pensar e agir da criança, como aspecto dinamizador da prática pedagógica, uma vez que ele traz elementos do cotidiano infantil que podem ser trabalhados de maneira prazerosa. Portanto, o profissional que atuar com o lúdico não deve ser o sujeito que proíbe sonhos, que regula potencialidades ou que impede crianças, jovens e adultos de trilhar novos caminhos por meio do brincar. O lúdico na atualidade deve favorecer a abertura para a inovação, e os profissionais da educação não podem ser apenas vigilantes dos espaços educativos (fora e dentro da escola), dissipadores de saberes que impedem a inovação e o movimento para a produção de novos modos de brincar, aprender e se desenvolver.

O termo *lúdico* tem sua etimologia na palavra *ludos*, que se refere às ações do brincar e da diversão". No entanto, é Kishimoto (2008) quem melhor explica esse termo de acordo com suas implicações para o brincar, afirmando que *lúdico* diz respeito ao jogo, à brincadeira e ao brinquedo, trazendo da brincadeira também suas caracterizações. O **jogo** tem como característica a presença de regras, mas a imaginação também está presente nas ações das crianças. A **brincadeira** apresenta como característica principal a imaginação, porém as regras são necessárias para que as relações entre crianças, brinquedos e vivências se desenvolvam. Por fim, o **brinquedo** é definido como o objeto, o suporte do jogo e da brincadeira.

Assim, é possível compreender que, jogando ou brincando, a criança participa do processo de construção da ludicidade, como mencionado anteriormente. Contudo, não se trata de qualquer prática com jogos ou brincadeiras, mas de práticas que possibilitem às crianças brincar; na educação, isso pode ser conduzido por meio de práticas dirigidas ou livres, oferecendo-se condições para que as brincadeiras das crianças ocorram em diversos espaços, ambientes e tempos.

3.1.1 CONCEPÇÕES SOBRE O JOGO PARA JOHAN HUIZINGA

A obra *Homo ludens*, de Huizinga (2000), apresenta aspectos sobre o jogo e a cultura e esclarece que o jogo é uma realidade originária de ordem ainda mais primitiva que a realidade humana, sendo um "fato mais antigo que a cultura" (Huizinga, 2000, p.3). O autor exemplifica isso ao lembrar que os animais também brincam e destaca que o jogo de animais, crianças e adultos tem um significado no sistema da vida. Portanto, o jogo não é exclusividade humana, porém, por meio das experiências humanas, foi dando lugar aos jogos culturais.

Nessa acepção, do jogo emerge a cultura, de caráter ritualístico e sagrado, de linguagem e de poesia, permanecendo subjacente a todas as artes de expressão e competição. Nesse sentido, a cultura está inserida no jogo, pois diz respeito às relações entre as pessoas na sociedade.

Huizinga (2000) sublinha que há diferentes concepções quanto à definição da função biológica do jogo, sendo visto como gasto de energia, instinto de imitação ou apenas diversão. Outras concepções tratam o jogo como prática que prepara o sujeito para a vida social adulta (envolvendo, por exemplo, as funções a serem exercidas no trabalho), como atividade competitiva e, socialmente, como lazer, em que o sujeito age de modo imaginário, desprovido de compromisso com o real.

A finalidade biológica relaciona as diferentes concepções e pressupõe que o jogo provoca fascínio nas pessoas. Para Huizinga (2000, p. 6),

> *é nessa intensidade, nessa fascinação, nessa capacidade de excitar que reside a própria essência e a característica primordial do jogo. O mais simples raciocínio nos indica que a natureza poderia igualmente ter oferecido a suas criaturas todas essas úteis funções de descarga de energia excessiva, de distensão após um esforço, de preparação para as exigências da vida, de compensação de desejos insatisfeitos etc., sob a forma de exercícios e reações puramente mecânicos. Mas não, ela nos deu a tensão, a alegria e o divertimento do jogo.*

Ao resgatar as concepções de jogo, Huizinga (2000) se preocupa com seu significado e sua função social, considerando-o em sua significação primária e apontando-o como uma atividade em que o homem se propõe a exercer ações voluntariamente, dentro de limites e regras, em que emoções como tensão e alegria estão presentes. Além disso, há o caráter fictício, tendo em vista que o jogo é imprevisível e depende da capacidade de invenção humana.

Intencionando detalhar as relações entre jogo, cultura e manifestações sociais, pautamo-nos nas concepções de Huizinga (2000) e destacamos os seguintes elementos:

› É uma atividade voluntária.

› As crianças e os animais brincam, o que garante sua liberdade.

› Não é imposto por uma necessidade física ou dever moral e nunca constitui uma tarefa.

› É uma atividade comumente realizada nas horas de ócio.

› É uma representação da vida cotidiana, sendo uma atividade temporária.

› O prazer consiste em sua própria realização.

› É uma necessidade humana importante para a sociedade, pois tem significado e valor cultural.

› É superior aos processos biológicos de alimentação, reprodução e autoconservação.

› Tem uma limitação no tempo e no espaço, pois existe até que chegue a um fim e acontece em um campo limitado, imaterial ou imaginário.

› Tem regras e estas, sendo predefinidas, devem ser respeitadas pelos participantes

› Há tensão, inferida pela incerteza de seu resultado (ganhar ou perder).

Ainda quanto às características formais, o jogo é uma atividade livre, não séria, exterior à vida comum e cativante, pois "Promove a formação de grupos sociais com tendência a rodearem-se de segredo e a sublinharem sua diferença em relação ao resto do mundo por meio de disfarces ou outros meios semelhantes" (Huizinga, 2000, p. 14).

O objetivo do jogo, nesse sentido, é o resultado, e não há preocupação com o processo de construção do conhecimento de maneira significativa por parte dos participantes. Por exemplo, o ensino de xadrez, de futebol e de outras práticas, por vezes, pode suscitar apenas o objetivo de vencer campeonatos, e não a diversão e as interações sociais.

Huizinga (2000, p. 138) explica que a transformação do espírito lúdico em espírito competitivo aparecia na prática de jogos de mesa, classificados em jogos de azar ou de habilidade, não se caracterizando "por uma atmosfera de alegria, sobretudo quando o elemento sorte tem uma importância mínima, como no xadrez, nas damas, no gamão, no jogo do assalto etc.".

Com efeito, o jogo em sua forma original não existe mais na sociedade atual, e boa parte da responsabilidade por essa perda pode ser atribuída à excessiva preocupação com a competitividade e às transformações sociais nas diversas dimensões da vida humana. Desse modo, a abordagem de Huizinga (2000) evidencia que o caráter lúdico está presente em todas as culturas humanas, porém sua originalidade foi se perdendo no decorrer dos tempos.

3.1.2 CONCEPÇÕES SOBRE O BRINQUEDO PARA GILLES BROUGÈRE

Brougère (1995) trata do universo infantil e da ludicidade na infância; para ele, o jogo é uma atividade essencial na vida da criança, pois propicia que os participantes expressem seus sentimentos de maneira espontânea, sendo o jogo também compreendido como sistema de regras ou como material ou objeto. Nessa acepção, o brinquedo é o objeto pelo qual a criança explora sua materialidade e, por meio da imaginação, livremente expressa seus desejos e interesses. Assim, "no brinquedo, o valor simbólico é a função" (Brougère, 1995, p. 14). Isso revela que o objeto está associado ao brinquedo e à brincadeira pelo poder do simbólico sobre o funcional. Dessa forma, o brinquedo possibilita que as crianças vivenciem situações e confere à brincadeira um conjunto de representações sociais e culturais.

A brincadeira abrange valores sociais e culturais e, na contemporaneidade, pode-se dizer que, no brincar, há um processo de construção de elementos socializadores da vida humana. Além da socialização, as interações entre as crianças, por meio das brincadeiras, propiciam liberdade e espontaneidade, visto que suas decisões são compartilhadas com seus pares, criando e recriando regras, representando e delegando papéis sociais em que elas são protagonistas. "Uma regra da brincadeira só tem valor se for aceita por aqueles que brincam" (Brougère, 1995, p. 101).

Por conseguinte, o brinquedo é parte importante da formação humana e cultural, e isso envolve os jogos e as brincadeiras em rimas, canções, contos, desenhos e literatura. Brougère (1995) acredita que a cultura é criada pelo sujeito social, por meio das interações entre as crianças e seus pares, e a cultura da criança surge em suas próprias criações nas brincadeiras.

Quando se fala em educação e práticas lúdicas com crianças, destaca-se a ideia do lugar da criança na sociedade. Nesse sentido, pensar o lúdico nas ações da criança sugere que, "no conjunto das atividades humanas, algumas sejam repertoriadas e designadas como 'brincar' a partir de um processo de designação e de interpretação complexo" (Brougère, 1998, p. 1).

Nessa perspectiva, o brinquedo está associado a um sistema social e, dessa forma, quando a criança brinca, dá sentido aos objetos e/ou brinquedos representando suas vivências no cotidiano. Brougère (1995) esclarece que o brinquedo é uma atividade essencial na vida da criança, pois permite, como já dito, que os participantes expressem seus sentimentos de maneira espontânea.

Considerando-se o brinquedo como o material ou objeto que a criança explora livremente, sem a presença de regras e ligado à infância, não dizemos que um adulto está brincando sem conferir à brincadeira o caráter não sério, de passatempo ou, até como aponta Brougère (1995), ligado à futilidade. Por ser uma atividade livre, a brincadeira é associada à relação entre a ação e a fantasia. O brinquedo propicia significado à brincadeira, uma vez que possibilita ações ligadas à representação. Isso revela que o objeto está associado ao brinquedo e à brincadeira pelo jugo do simbólico sobre o funcional.

Os estudos de Brougère (1995, p. 95) também evidenciam o pouco conhecimento acerca do lúdico para a aprendizagem e esclarece que

> *É sua fraqueza que pode justificar a afirmação de que ela não foi percebida pelos pesquisadores. Pode-se, também, encarar a possibilidade de que se trata de um comportamento não necessário, na medida em que pode ser substituído por outros comportamentos, para garantir ao futuro adulto a mesma contribuição.*

O autor explica que o comportamento da criança ligado à brincadeira não é uma atividade natural, pois os adultos a compreendem de modo equivocado, revelando o desconhecimento sobre sua trajetória histórica, cultural e social. Nessa acepção, a visão de brincadeira como prática inata na vida da criança se refere à brincadeira animal e está fundamentada na natureza na condição de lei biológica. Com efeito, baseando-se na concepção do autor, brincando, a criança se apropria de elementos culturais.

3.1.3 CONCEPÇÕES SOBRE O JOGO PARA JEAN PIAGET

Piaget pesquisou como as crianças constroem as noções de tempo, espaço, causalidade física, movimento e velocidade e criou um campo de investigação que chamou de *epistemologia genética*. Essa teoria diz respeito ao conhecimento centrado no desenvolvimento natural da criança.

Para Piaget (1971), o pensamento da criança pode ser organizado em quatro estágios de desenvolvimento (Figura 3.1), que iniciam com o nascimento e se estendem até a adolescência. Para ele, a função do jogo no desenvolvimento intelectual da criança indica sua evolução nos diferentes estágios.

FIGURA 3.1 ESTÁGIOS DE DESENVOLVIMENTO DO PENSAMENTO DA CRIANÇA SEGUNDO PIAGET (1971)

Estágios de desenvolvimento infantil:
- Sensório-motor
- Pré-operatório
- Concreto
- Operatório formal

Esses estágios apresentam uma intrínseca relação com a atividade lúdica e a construção da inteligência. Piaget (1971) sublinha que o desenvolvimento psíquico é compreendido como equilibração progressiva, que diz respeito ao avanço do processo em que o indivíduo passa de um estado de menor equilíbrio para um de maior equilíbrio.

Piaget (2003) esclarece a função simbólica, pautando-se na imitação e no jogo como atividades que propiciam o desenvolvimento da inteligência, relacionado à acomodação e à assimilação: "Se o ato de inteligência culmina num equilíbrio entre assimilação e acomodação, enquanto que a imitação prolonga a última por si mesma, se pode dizer, inversamente, que o jogo é essencialmente assimilação, ou assimilação predominando sobre a acomodação" (Piaget, 2003, p. 115).

Piaget (1971) descreveu as diferentes fases de desenvolvimento da criança, as quais se relacionam inicialmente com a forma como esta age sobre os objetos. Seus estudos sobre a construção da atividade lúdica infantil indicam que a imitação explica os mecanismos da representação simbólica. A criança imita as ações de outras pessoas quando conhece um objeto, porém simboliza e as recria à sua maneira. Para Piaget (1971), há um conjunto de cinco critérios que definem as vivências lúdicas na infância:

1. O jogo tem sua finalidade em si mesmo – há metas a serem atingidas e os jogadores têm interesses próprios ao elaborar suas ações e estratégias.

2. O jogo é uma atividade espontânea – há interações entre os participantes por meio da manipulação de objetos.

3. O jogo propicia prazer – aprender por meio dos jogos é prazeroso.

4. O jogo proporciona a liquidação dos conflitos – as crianças expressam suas emoções e sentimentos.

5. O jogo propicia a motivação – observam-se o envolvimento emocional e a elaboração de estratégias.

Por meio das características destacadas, é possível identificar a evolução do processo de desenvolvimento da inteligência da criança, pois, em suas ações, há uma intencionalidade explícita e, conforme o jogo se desenvolve, vão surgindo novas metas e a reorganização das funções mentais.

Dessa maneira, as ações da criança se dão por meio de vivências com **o jogo e o pensamento** ou **o jogo e a imitação**. A inteligência sensório-motora é caracterizada pela compreensão dos objetos de modo externo ao indivíduo, ao mesmo tempo que ele acomoda seus esquemas aos objetos. Assim, quando uma criança descobre o som produzido por um brinquedo sonoro, por exemplo, começa a repetir essa ação, demonstrando um estado de equilíbrio entre a assimilação e a acomodação.

3.1.4 CONCEPÇÕES SOBRE AS ATIVIDADES LÚDICAS INFANTIS NO CONTEXTO SOCIOCULTURAL PARA LEV VYGOTSKY

Os fundamentos de Vygotsky (2001) sobre a aprendizagem e o desenvolvimento da criança privilegiam o papel das interações sociais e dizem respeito às interações culturais que serão construídas pelas crianças por meio do brincar.

As interações sociais e culturais das crianças na prática lúdica são valiosas, pois elas são curiosas e, por meio do brincar, expressam a maneira como percebem o mundo ao seu redor. Vygotsky (2001) esclarece que, brincando, as crianças distinguem a fantasia da realidade e desenvolvem a linguagem e a socialização. "O aprendizado é considerado um processo puramente externo que não está envolvido ativamente no desenvolvimento" (Vygotsky, 2001, p. 90). Em vista disso, o teórico defende que as crianças refletem sobre as regras nos jogos, concordando ou discordando, iniciando suas elaborações sobre liderança e compromissos sociais.

Nesse sentido, a brincadeira ocorre a partir do momento em que as crianças começam a representar o meio nos diversos contextos sociais e culturais em que vivem. Assim, a imaginação surge nas brincadeiras e é fundamental para a aprendizagem e o desenvolvimento infantil.

Para Vygotsky (2001, p. 15),

> *A imaginação adquire uma função muito importante no comportamento e desenvolvimento humanos, transforma-se em meio para ampliar a experiência do homem porque, desse modo, esse poderá imaginar aquilo que nunca viu, poderá, a partir da descrição do outro, representar pra si também a descrição daquilo que na sua própria experiência pessoal não existiu, o que não está limitado pelo círculo e fronteiras estritas da sua própria experiência, mas pode também ir além de suas fronteiras, assimilando, com a ajuda da imaginação, a experiência social e histórica de outros.*

Por conseguinte, a convivência das crianças com outras crianças indica os temas das brincadeiras de faz de conta, por meio das quais elas imitam atitudes e expressões corporais e orais, dando um significado próprio ao que observam nas ações dos adultos e de outras crianças com quem convivem.

As brincadeiras de faz de conta são essenciais na vida das crianças e, a partir dos 3 anos de idade, é possível observar que, brincando, elas expressam seus desejos, medos, ansiedades, alegrias. Muitas vezes, os adultos entendem que elas estão descarregando ou gastando energia. Contudo, suas ações vão mais além – elas estão desenvolvendo o pensamento e agindo sobre o meio.

As interações entre as crianças menores e as maiores possibilitam que ambas aprendam juntas. Isso ocorre por meio da observação dos gestos, dos movimentos e da linguagem. Ao participarem de práticas lúdicas, as crianças acessam as diferentes formas de linguagem além da corporal e da oral.

Ao brincarem, experimentando a imaginação, as crianças criam e recriam brincadeiras e regras, imitam e representam papéis, simbolizando o mundo à sua volta. "Chamamos de atividade criativa a atividade humana criadora de algo novo, seja ela uma representação de um objeto do mundo exterior, seja uma construção da mente ou do sentimento característico do ser humano" (Vygotsky, 2014, p. 2).

A imaginação propicia maior sentido às brincadeiras das crianças e pressupõe uma aprendizagem social. "O substrato fisiológico dessa atividade reprodutora ou da formação da memória é a plasticidade de nosso sistema nervoso, entendendo-se por plasticidade a propriedade de adaptação e conservação dessa alteração adquirida" (Vygotsky, 2014, p. 2).

Os objetos, os brinquedos e as pessoas com quem a criança convive diariamente são a base para os temas das brincadeiras de faz de conta. As experiências prévias da criança facilitam sua interação com o meio. Além das situações reais presentes em sua vida, as quais ela expressa, ela reconstrói ações vivenciadas no passado e antecipa suas ações futuras pela representação verbal. Nesse sentido, é "justamente a atividade criadora humana que faz do homem um ser que se projeta para o futuro, um ser que cria e modifica o seu presente" (Vygotsky, 2014, p. 2).

Para Vygotsky (2001), as interações sociais propiciam que as crianças avancem em seu aprendizado. Ao descrever o conceito de *zona de próximo desenvolvimento*, o teórico procura resolver a questão sobre o desenvolvimento e a aprendizagem (Vygotsky, 2001). A teoria apresenta níveis, sendo o primeiro a **zona de desenvolvimento real**, que é "o nível de desenvolvimento das funções mentais da criança que se estabeleceram como resultado de certos ciclos de desenvolvimentos já completados, a **zona de desenvolvimento potencial**", definindo que "a criança consegue realizar ações mentais mais elevadas quando recebe ajuda de outras pessoas" (Vygotsky, 2001, p. 97, grifo nosso), no caso do aprendizado escolar com mediação dos educadores.

Ao afirmar, com base em pesquisas, que educandos com a mesma idade, mas nível mental diferente conseguem realizar ações que demonstram seu aprendizado, Vygotsky (2001, p. 97) define

> *Zona de próximo desenvolvimento como a distância entre o nível de desenvolvimento real, que se costuma determinar através da solução independente de problemas, e o nível de desenvolvimento potencial, determinado através da solução de problemas sob a orientação de um adulto ou em colaboração com companheiros mais capazes.*

O conceito apresentado pelo autor indica que a relação entre aprendizado e desenvolvimento permite projetar o porvir imediato "da criança e seu estado dinâmico de desenvolvimento, como também aquilo que está em processo de maturação" (Vygotsky, 2001, p. 98).

Nesse contexto, o papel da mediação nas interações é essencial, e o adulto ou outra criança mais experiente pode exercer essa função. Nessa perspectiva, com relação ao lúdico, nos fundamentos do teórico está a ideia de que a aprendizagem infantil inicia antes mesmo de a criança ingressar na escola e ocorre de várias formas, em grande parte pelas ações nas brincadeiras. O significado que a criança dá ao brinquedo e às brincadeiras favorece as interações com o meio.

A brincadeira na vida da criança, na concepção de Vygotsky (2001), contribui de maneira qualitativa para o planejamento de práticas significativas na educação.

3.2 BRINCADEIRA E EDUCAÇÃO

Brincar é, por excelência, um recurso que favorece o desenvolvimento e a aprendizagem infantil. Autores que pesquisam as brincadeiras na infância e na educação, em diferentes países, descrevem o brincar como parte integrante do universo infantil. Entre esses autores, Friedmann (1996), Kishimoto (2008) e Moyles (2002) fundamentam a brincadeira na educação.

Tais estudos justificam a inclusão das brincadeiras nos currículos nacionais para a educação infantil, pois elas fazem parte de um eixo que favorece o desenvolvimento das linguagens simbólicas, da autonomia, da atenção, da concentração e da cooperação. Moyles (2002, p. 106) explica que "o brincar é um processo no caminho para a aprendizagem, mas um processo vital e influenciável e é na implementação do currículo que o brincar mantém a sua posição, pois é no desenvolvimento de muitos aspectos intangíveis que o brincar se sobressai".

Nessa perspectiva, o jogo utilizado em sala de aula é um meio para a realização dos objetivos educacionais. Assim, a atuação do professor interfere na valorização das características e potencialidades dos brinquedos e de suas estratégias de exploração. Ao utilizar o jogo como recurso pedagógico, ele pode oferecer informações sobre sua utilização, estimulando e desenvolvendo as potencialidades da criança em situações de aprendizagem.

Para Rau (2011, p. 50), "a utilização do lúdico como recurso pedagógico, na sala de aula, pode aparecer como um caminho possível para ir ao encontro da formação integral das crianças". Desse modo, o professor pode desenvolver atividades significativas que atendam aos interesses e estilos de aprendizagem de cada criança, articulando a realidade sociocultural do educando ao processo de construção de conhecimento e valorizando o acesso aos conhecimentos do mundo.

Cabe, então, ao professor estudar e entender a importância das brincadeiras na educação infantil. Sabemos que, atualmente, as crianças brincam menos, mesmo em seus momentos livres. A família busca preencher o tempo dos pequenos com cursos de línguas, informática, esportes etc. Isso não é necessariamente negativo para o desenvolvimento infantil, mas, se essas atividades ocupam todo o tempo, elas deixam de ser prazerosas e interessantes para as crianças. Do mesmo modo, quando estimula as brincadeiras infantis, a família, muitas vezes, atende aos apelos da indústria fortalecidos pela mídia, oferecendo apenas brinquedos industrializados para as crianças.

Nesse contexto, cabe também aos profissionais que atuam nos cursos de Pedagogia desenvolver metodologias que considerem a ludicidade como um recurso para aprendizagens específicas, resgatar jogos tradicionais e estimular a confecção de brinquedos com recursos oferecidos pela natureza, como palha, areia, água, pedras etc., elementos fundamentais para o desenvolvimento sensorial. Também é importante que o professor se lembre do repertório cultural em que historicamente seu grupo de crianças está inserido, buscando atividades que envolvam o folclore, a música, as cantigas de roda e as parlendas. Com efeito, Moyles (2006) destaca o papel do adulto nas brincadeiras infantis, apontando que ele pode estimular ou desafiar os pequenos a brincar de formas mais desenvolvidas e complexas. A autora destaca que o adulto pode organizar materiais e propor desafios ao participar da brincadeira das crianças.

3.2.1 A PRÁTICA DA BRINCADEIRA NA ESCOLA

Ao observar as crianças em situações lúdicas, o professor pode analisar a forma como aprendem, e esses dados devem ser relacionados a outras situações e atividades desenvolvidas, como as que exigem registros escritos, orais ou por meio do desenho. Um dos aspectos a serem percebidos é que muitas crianças têm dificuldade em expressar-se adequadamente. Assim, o adulto pode mediar esse momento questionando o que elas sabem sobre tamanhos, formas, noções de distância e noções topográficas, por exemplo.

A respeito dessa ideia, Moyles (2002, p. 21) ressalta que "a maior aprendizagem está na oportunidade oferecida à criança de aplicar algo da atividade lúdica dirigida a alguma outra situação".

Nesse sentido, a brincadeira desenvolve capacidades sensoriais, rítmicas, perceptivas e espaciais. Brincar também favorece o desenvolvimento do raciocínio lógico, da atenção, da concentração e da memória, aspectos que contribuem para todo tipo de aprendizagem. Porém, há dois aspectos desenvolvidos pelas brincadeiras que são essenciais para o desenvolvimento e a aprendizagem infantil: a imitação e a imaginação. Moyles (2006, p. 43) afirma que "as crianças praticam cada vez mais os papéis e as atividades adultas conforme crescem e se aproximam da idade em que isso fará parte de suas responsabilidades".

Essas questões estão relacionadas ao movimento, que proporciona a integração do sujeito com o meio em que vive.

Exemplo prático

Brincadeiras sugeridas: pega a bola e história vivenciada

O professor deve organizar o espaço da aula, que pode ser estruturado na própria sala ou em um espaço coberto e amplo. Para o desenvolvimento da prática lúdica, serão utilizados um dispositivo eletrônico com músicas infantis, uma bola de borracha e crachás confeccionados em papel com os nomes dos participantes (que podem ser feitos com as crianças).

No início da prática, o professor precisa explicar em que consiste a brincadeira chamada **pega a bola**, que serve para estimular a interação entre as crianças e a identificação de seus nomes. O professor inicia convidando os alunos a formar um círculo; em seguida, coloca músicas para todos escutarem e dançarem, movimentando-se livremente de acordo com o ritmo da música. O professor deve mediar a ação e, após esse momento, entregar uma bola a uma das crianças, que deve jogá-la a um colega, e assim sucessivamente, enquanto a música toca. Quando a música for interrompida, a criança que estiver com a bola deve falar seu nome e pegar seu crachá.

Na sequência, o professor ainda vai utilizar os crachás, que, além de ajudarem as crianças na aquisição da imagem mental da escrita de seu nome e dos nomes dos colegas, servem como recurso para a atividade chamada **história vivenciada**. Em cada crachá, deve haver o desenho de um animal – gato, cão, urso, peixe, pássaro etc. O professor, então, solicita às crianças que inventem uma história com esses animais. Para isso, todos devem sentar-se em círculo e cada criança precisa criar uma parte da história, que será escrita pelo professor. Depois de todos se expressarem, o professor analisa o texto e, na sequência, o lê em voz alta, propondo que, toda vez que aparecer o nome de um animal, eles imitem o movimento e a voz que esse animal produz. Por exemplo, quando aparecer o gato, as crianças podem arrastar-se ou andar com quatro apoios e imitar o miado do animal. O professor pode, também, colocar alguns obstáculos no espaço, como arcos pendurados, cadeiras unidas, tecidos espalhados pelo chão e cordas grandes formando caminhos etc.

Com base na prática sugerida, o professor pode fazer alguns questionamentos:

> Será que todas as crianças participaram da brincadeira da mesma maneira?

> Será que a motivação é a mesma para todas elas?

> Existem momentos em que elas estão mais motivadas e estimuladas a participar?

> Foram observadas aprendizagens específicas em torno da vivência da atividade?

> Os objetivos foram atingidos totalmente? Qual foi a utilidade das aprendizagens observadas?

Para finalizar a prática, o professor pode organizar uma roda de conversa com os alunos, procurando nomear conceitos como longe e perto, acima e abaixo, dentro e fora etc. Pode ainda observar como cada aluno empregou essas noções durante a prática.

3.3 BRINCADEIRA: INTERAÇÕES, IMAGINAÇÃO E FAZ DE CONTA

O sistema nervoso controla o funcionamento do organismo como um todo, e entre as funções desse sistema está a integração das sensações, do pensamento, da consciência e da sensibilidade tátil aos estímulos recebidos.

Portanto, quando a criança nasce, dizemos que ela interage com o meio sensorialmente, pois percebe sons, mas não os discrimina; vê imagens que estão aproximadamente a 20 centímetros de distância; sente ser tocada, mas não identifica ainda as partes do corpo; sente cheiros e sabores, mas não sabe o que é doce, ácido ou salgado. A partir dessa etapa, ela começa a explorar objetos, sons e espaços.

Dessa forma, a criança começa a vivenciar uma série de interações que serão importantes no processo de construção do conhecimento. Quando o pequeno toca em diferentes texturas, sente prazer ou desprazer. Ao tocar em um tecido macio, pode gostar do contato, o que dificilmente ocorrerá ao experimentar uma textura áspera. Assim, ele guarda a sensação proporcionada pela experiência, o que mais tarde favorecerá a significação de conceitos sobre diferentes texturas.

A criança bem pequena passa a interessar-se pelas vivências que observa em seu cotidiano. Começa um período em que ela imita os adultos – familiares, professores e outras pessoas. Uma criança observa, por exemplo, a mãe coando o café na cozinha e, quando tem oportunidade, pega alguns objetos e faz de conta que manipula os mesmos utensílios utilizados pela mãe, representando, assim, praticamente todas as ações na sequência em que foram produzidas de verdade. Ao final, serve o café e oferece a quem estiver por perto, como à própria mãe. Mais adiante, pergunta se o café está bom e, talvez, ofereça alguns biscoitos. Pois bem, ao representar a cena vista na cozinha, ela utiliza inicialmente a memória, habilidade cognitiva que nos faz iniciar processos mentais importantes.

A memória é uma habilidade cognitiva fundamental no processo de desenvolvimento e aprendizagem infantil. Sobre esse aspecto, temos no trabalho com a elaboração de texto um ótimo exemplo da utilização da memória, do raciocínio, da atenção e da concentração. Um texto escrito precisa ter clareza, continuidade e coerência de ideias. Mesmo que elaborado com a mediação do professor, sua estrutura deve apresentar início, meio e fim, o que demanda organização de pensamento por parte da criança.

Vygotsky (2001 p. 43) esclarece que, nos estágios mais primitivos do desenvolvimento social, a "memória natural" está diretamente relacionada aos "estímulos externos" sobre o homem. Ele destaca também a importância dos signos como ligação entre as condições biológicas e o desenvolvimento social do sujeito.

No processo de aprendizagem da leitura, quando se utilizam recursos auxiliares, como figuras ou palavras escritas, isso não significa que a criança consiga relacioná-las ao significado. O papel dos signos com o objetivo de "formar associações elementares não é suficiente para garantir que a relação associativa possa vir a preencher a função instrumental necessária à produção da lembrança" (Vygotsky, 2001, p. 56).

Nesse sentido, vale retomar aqui a ideia de que as atividades ditas *mecânicas*, ou seja, que exigem apenas repetição sem significação, em nada contribuem para o desenvolvimento e a aprendizagem dos pequenos. Por isso, a estimulação da criança pequena deve acontecer por meio de explorações de objetos e brinquedos, dramatizações, música, arte, enfim, situações lúdicas significativas no que se refere aos aspectos sensoriais, afetivos, motores e linguísticos.

As vivências lúdicas são importantes para a aprendizagem, pois estimulam a imaginação e favorecem a formação integral da criança. Outro aspecto importante da brincadeira na infância é a possibilidade de a criança lidar com suas emoções e sentimentos de maneira diversificada. Brincar propicia a resolução de conflitos emocionais e cognitivos na infância.

A imaginação é outro aspecto abordado na prática das brincadeiras infantis e tem um caráter significativo na resolução de conflitos. Ao refletirmos sobre a violência na vida da criança pequena, podemos pensar nos sentimentos envolvidos quando ela está inserida em um contexto familiar conturbado.

› Qual é a percepção da criança ao observar a agressividade no meio adulto?

› Como ela se sente ao presenciar cenas de violência no local que deveria ser seu lugar de segurança afetiva e emocional?

A resposta a esses questionamentos comumente revela consequências negativas: a criança ainda não tem experiência suficiente para entender os conflitos e a agressividade do adulto. Assim, por meio do faz de conta na brincadeira, a criança pode lidar com suas emoções, como medo e ansiedade.

Quando existe a possibilidade de fazer de conta por meio da brincadeira, a criança tem a oportunidade de reinventar suas vivências, estabelecer regras e enfrentar desafios à sua maneira, primeiro expressando sensações e sentimentos, depois imitando e significando as ações que envolveram essas circunstâncias. Algumas vezes, na escola, a criança se mostra agressiva durante a brincadeira de faz de conta. Isso porque ela representa situações e acontecimentos dos quais gostaria de não ter sido personagem. As escolas de educação infantil que proporcionam cenários lúdicos, como cantos pedagógicos, casinhas de bonecas, miniescritórios e até brinquedotecas, intervêm de maneira construtiva no desenvolvimento da identidade e da autonomia das crianças.

A brincadeira livre, como a que ocorre durante o intervalo das aulas, nos passeios a parques e praças da cidade, favorece a compreensão da criança sobre as relações implicadas nos diferentes papéis dos adultos. Isso ocorre quando as crianças brincam de pai e mãe, de médico e paciente, de herói e bandido; elas se comunicam por diferentes formas de expressão, demonstrando ao professor suas dificuldades e potencialidades.

> **Para refletir**
>
> Para entender melhor essa questão, reflita sobre o prazer das crianças que brincam na rua, na escola ou em um espaço improvisado pensando nas seguintes questões: Você e seus colegas jogam xadrez, dama ou qualquer outro jogo de mesa? Percebe a maneira descontraída com que participam desse momento? Há competição? Você lida com as emoções ao ganhar ou perder, ou com a alegria ou a frustração durante a execução de suas estratégias?

3.4 A BRINCADEIRA NA PRÁTICA: UM EXERCÍCIO DE CONVÍVIO SOCIAL

A prática que sugerimos a seguir pode ser realizada desde o berçário até a pré-escola e aborda o campo de experiência "O eu, o outro e o nós". O objetivo é favorecer a expressão de sentimentos em relação aos conflitos e às experiências em família e lidar com as competências socioemocionais, elaborando regras para a convivência social.

Brincando de casinha

O professor deve organizar um espaço na sala de aula destinado aos cantos pedagógicos. Em uma parte, vai colocar objetos que lembrem os de uma casa: almofadas e colchonetes, abajures, tapetes, fogão e panelas de brinquedo, mesas, cadeiras, miniaturas e embalagens de alimentos vazias e limpas. Folhas caídas de árvores, areia e água também podem fazer parte do material.

Atenção: com bebês e crianças bem pequenas, o professor precisa ficar atento para que elas não levem nada à boca.

O professor deve convidar as crianças a participar da brincadeira imitando o que vivenciam em suas casas. Em pequenos grupos, no canto pedagógico, ele vai mostrar os brinquedos e fazer alguns questionamentos: Como se brinca? O que os brinquedos representam? Elas (as crianças) têm espaços parecidos com aquele? Após o diálogo, o professor deve deixar as crianças brincarem livremente por aproximadamente 30 minutos, observando todas as formas de expressão e anotando algumas falas, gestos e emoções.

> No final da atividade, o professor deve estender uma folha grande de papel tigre, madeira ou bobina no chão e pedir às crianças que desenhem aquilo que mais gostaram na brincadeira. Também, nesse momento, ele deve anotar outras questões específicas que considerar importantes, as quais podem ser discutidas com a equipe pedagógica em momentos de avaliação.
>
> Para a criança, as brincadeiras de faz de conta são fundamentais para a evolução do processo criativo, pois, quando brincam, elas expressam sentimentos com liberdade. Em situações lúdicas, os pequenos criam e recriam situações que lhes permitem significar a si e aos outros em diferentes contextos e realidades.

Cantos pedagógicos são "cantos estruturados, organizados e reorganizados de tempos em tempos", que "promovem interações e autonomia para os pequenos" (Silva et al., citados por Rossetti-Ferreira et al., 1998, p. 152).

Os cantos pedagógicos são excelentes meios para o desenvolvimento da imaginação, da criatividade e da expressão no cotidiano. Podem ser explorados de diferentes maneiras, obedecendo aos aspectos funcionais da organização do espaço da sala de aula estabelecida pelo professor. Além disso, o mesmo espaço pode servir a diferentes encaminhamentos metodológicos, dependendo dos objetivos e da mediação do professor.

3.5 A BRINCADEIRA E A CRIATIVIDADE

A criatividade não está separada de outras áreas, como a linguagem e a afetividade, sendo um aspecto importante a ser pesquisado por quem pretende lidar com as crianças em suas primeiras interações com o mundo. Para Moyles (2002, p. 83), "a criança, como criadora, aparece na maioria dos contextos lúdicos" e "as crianças criam e recriam constantemente ideias e imagens que lhes permitem representar e entender a si mesmas e suas ideias sobre a realidade". É isso o que se percebe nos grupos de crianças ao redor de brinquedos de encaixe, jogos de construção, carrinhos, telefones e bonecas ou rolando na grama, subindo em árvores, fazendo bolo de areia.

O brincar na educação infantil requer espaço e tempo mediados pelo professor. Quando fazemos referência à mediação, queremos dizer que as ações do professor antes e durante as brincadeiras devem considerar um espaço e um tempo pensados e organizados, proporcionando, assim, interações entre as crianças e os objetos. Ao considerarmos que quem brinca está aprendendo, mesmo que não tenha a intenção da aprendizagem, estamos nos referindo ao tempo significativo para a criança, não àquele que corre no relógio.

Cada criança, individualmente ou em grupo, apresenta peculiaridades e, portanto, explora, percebe, interage, questiona, desconstrói e reconstrói pensamentos sobre o que vê e sente.

Nessa perspectiva, o professor, ao considerar a criança como protagonista no processo de ensino e aprendizagem, participa mediando as interações e significações dela por meio da prática lúdica. Para que isso ocorra, ele deve ficar atento às linguagens das crianças no momento da brincadeira. O brincar, mesmo quando livre ou espontâneo, requer mediação. Nesse contexto, Moyles (2006, p. 200) destaca que "a observação do brincar é, ao mesmo tempo, um processo exigente e gratificante para o profissional, desafiando-o a aprender a partir do que ele observa no comportamento espontâneo da criança".

Durante nossa prática nas instituições de educação infantil, ao observarmos as crianças pequenas diante de um espelho, notamos como estas se comunicavam com suas imagens e com as dos outros, explorando movimentos, percebendo partes do corpo e colocando e tirando objetos como óculos e chapéus. É nesses momentos que elas percebem as construções no plano da subjetividade de cada uma.

Apontamos ainda outro aspecto a ser considerado pelo professor: a escolha dos materiais e dos jogos que serão utilizados com a criança. Sabemos que o professor quase sempre tem total controle sobre os materiais empregados na escola e define o que será oferecido às crianças. Assim, além de ofertar objetos diferentes dos que ela possui fora do contexto escolar, ele também pode orientar a escolha dos objetos e dos brinquedos pensando em estimular e desafiar a criatividade das crianças.

Ao realizar atividades com bebês, o professor pode observar as vocalizações e a identificação das partes do corpo. Com base nas expressões voluntárias do bebê, ele contextualiza e desenvolve os conteúdos. No maternal e no pré, pode ser observada a relação que a criança faz com sua imagem corporal. Com as crianças de maternal, o professor vai observar se os bebês diferenciam a parte superior da parte inferior do corpo; com as de pré, se já relacionam os objetos às partes do corpo. O professor pode, ainda, propor uma atividade de desenho sobre a experiência, por meio da qual as crianças expressarão o significado do que foi trabalhado.

Vygotsky (2001) sublinha que, por meio das brincadeiras, a criança age de acordo com suas motivações, interesses e potencialidades. Para o autor, "todo avanço está conectado com uma mudança acentuada nas motivações, tendências e incentivos" (Vygotsky, 2001, p. 105).

A teoria de Vygotsky aponta diferentes níveis de brincadeira. Para crianças com menos de 3 anos, a brincadeira satisfaz seus desejos imediatos. Nesse sentido, ao observarmos os pequenos brincando, podemos perceber que exploram objetos e que a intensidade e a motivação durante a interação duram pouco. Já as crianças com idade entre 4 e 6 anos expressam motivações maiores, que, na maioria das vezes, estão ligadas a desejos que nem sempre podem ser satisfeitos de imediato. Vygotsky (2001) cita o exemplo de uma criança que deseja imitar sua mãe; nesse caso, ela encontra na imaginação a possibilidade de satisfação desse desejo. Nas palavras do autor, "a criança em idade pré-escolar envolve-se num mundo ilusório e imaginário onde os desejos não realizáveis podem ser realizados, e esse mundo é o que chamamos de brinquedo" (Vygotsky, 2001, p. 106).

Quando a criança se envolve em ações lúdicas, ela desperta sua imaginação. Isso ocorre, por exemplo, quando um grupo de crianças decide brincar. Inicialmente, elas não sabem exatamente do que brincar, então trocam ideias e elaboram o tema de suas brincadeiras. A partir desse momento, definem espaços e objetos que servirão de suporte para elas. No começo, não há intencionalidade nas ações desenvolvidas, mas, quando dialogam e interagem, as crianças problematizam e representam os cenários de seu cotidiano. Dessa maneira, o brincar se distingue de qualquer outra forma de atividade, pois nele a criança cria uma situação imaginária.

3.6 A BRINCADEIRA E AS REGRAS

As regras estão implícitas nas brincadeiras, pois toda ação da criança é a imitação de comportamentos humanos, assistidos ou vivenciados em suas relações com o outro. As regras podem ser repensadas e modificadas para atenderem a necessidades e motivações infantis.

Como exemplo, temos o jogo amarelinha – também conhecido como *sapata* e *pula macaco*, dependendo da região do país. É classificado como um jogo de atirar, segundo Friedmann (1996), e tem por característica o lançamento de objetos a determinadas distâncias, para dentro de espaços delimitados. Conforme a autora, a amarelinha desenvolve a área físico-motora, por exigir destreza corporal para pular alternando os pés em um espaço definido. Também trabalha a área cognitiva, pois envolve o raciocínio, a memória e conceitos matemáticos, como sequência, ordem e noção espacial. Já na área afetiva, Friedmann (1996) aponta que o jogo ensina a criança a compreender a espera da vez.

Assim, quando o professor ensina esse jogo para crianças da pré-escola, por volta dos 4 ou 5 anos de idade, percebe que, após algumas explicações e vivências da brincadeira, seus alunos conseguem desenvolvê-la com certa eficiência. Porém, se a mesma brincadeira for trabalhada com crianças de 3 anos, talvez os resultados não sejam iguais. Isso porque crianças dessa idade ainda estão em plena exploração e descobertas corporais, o que pode dificultar sua participação e tornar a brincadeira sem sentido para elas.

O que fazer, então? Pela observação da interação das crianças, o professor pode modificar as regras da amarelinha, Pode formar uma fila com os pequenos e explorar diferentes formas de pular, com os dois pés, buscando equilíbrio, utilizando os números que já são conhecidos ou que fazem parte de seu cotidiano.

A regra caracteriza o jogo; é construída para formar um conjunto de normas que organizam uma prática lúdica e quase sempre competitiva entre sujeitos de grupos afins ou oponentes.

> **Importante!**
>
> O jogo, em sua estrutura, sempre fez parte da sociedade e, nesse sentido, suas diferentes formas de expressão mostram também a evolução histórica do ser humano.

O jogo faz parte do referencial cultural de cada sociedade. Assim se explica seu aspecto tradicional, o que significa dizer que os jogos passam de geração em geração e são modificados em sua estrutura ou em suas regras, visando atender às motivações e aos interesses dos que deles participam em momentos históricos diversos. É nessa prática que desenvolvemos com as crianças noções de cooperação, solidariedade, respeito consigo e com o outro, ou seja, valores que fazem parte das relações humanas e precisam ser resgatados e reelaborados na sociedade.

Como exemplo da prática pedagógica com jogos tradicionais na educação infantil, leia com atenção o encaminhamento sugerido a seguir. Esta prática pode ser desenvolvida com crianças da pré-escola e aborda o campo de experiência "Corpo, gestos e movimentos". O objetivo é desenvolver a motricidade fina e a organização espaço-temporal e ensinar as crianças a esperar a vez nas atividades em grupo, de modo a lidar com a ansiedade.

Cinco-marias

Ingrid Skåre

O professor escolhe um espaço agradável da escola e convida seus alunos a participar de um jogo. Inicialmente, explica que o jogo das pedrinhas, ou cinco-marias, é muito antigo e chegou até nós passando de geração em geração, por isso é tradicional. Em seguida, pergunta às crianças quem conhece o jogo. Nesse momento, é importante dar oportunidade a todos para falar a respeito de seus conhecimentos sobre o jogo. É comum que algumas crianças falem de outras brincadeiras, que, apesar de diferentes da proposta, associam-se ao tema do brincar.

Para dar início à brincadeira, o professor mostra as cinco pedras ou saquinhos feitos de tecido e arroz. Na sequência, ele explica e demonstra que o jogo é desenvolvido em cinco etapas, como as descritas por Friedmann (1996, p. 97):

> *1ª jogam-se as cinco pedrinhas no chão. Lança-se uma para o alto. Nesse instante, pega-se outra pedrinha do chão e tenta-se apanhar aquela que foi lançada para o alto. E assim, uma a uma.*

2ª idem, pegando-se as pedrinhas duas a duas.

3ª idem, pegando-se uma pedrinha e depois uma que fica como resto.

4ª idem, pegando-se quatro pedrinhas de uma vez.

5ª Ponte: fazer uma ponte com a mão curvada para baixo e em seguida tentar empurrar as pedrinhas por baixo da ponte, uma a uma.

Para ver quem ganha, tiram-se os pontos na palma da mão: jogam-se cinco pedrinhas para cima e tenta-se pegá-las com as costas da mão. Cada pedrinha vale de 10 a 20 pontos.

> Por se tratar de um jogo tradicional, na avaliação da aula, o professor deve observar o diálogo das crianças antes e durante sua prática, percebendo como lidam com as regras, quais conhecimentos têm sobre jogos antigos e que significados dão a eles. Por fim, o professor deve propor aos alunos que pesquisem jogos conhecidos por seus familiares e amigos e tragam para a sala. A pesquisa pode ser sistematizada em um projeto cultural que trate de literatura, cujo objetivo seja a confecção de um livro com os jogos pesquisados pelas crianças. Esse projeto pode fazer parte de uma semana literária envolvendo escola, família e comunidade.

É fato que, mesmo com o aumento de pesquisas evidenciando a brincadeira como um elemento de formação humana, o brincar ainda é visto como um passatempo, uma atividade para ocupar as crianças nos momentos em que o professor corrige seus cadernos ou escreve na agenda, por exemplo, desvinculando-se da aprendizagem. Também ocorrem situações em que os educadores encontram resistência à prática pedagógica lúdica por parte das famílias das crianças, que desconfiam da brincadeira como recurso pedagógico, ou até por parte da equipe pedagógica da escola, pois se acredita que a aprendizagem acontece apenas por meio de atividades escritas.

A prática pedagógica ainda está muito vinculada a ações que nem sempre consideram a criança como um ser social e histórico, mas um indivíduo desprovido de qualquer tipo de conhecimento e que necessita de direcionamento rígido, desvinculado de sua realidade. Contudo, cabe aos profissionais da educação infantil valorizar a brincadeira no contexto escolar, proporcionando tempo e diferentes espaços e materiais para atividades lúdicas espontâneas e direcionadas, que estimulem as crianças a desenvolver diferentes formas de linguagem – o brincar em uma perspectiva construtiva, que torne seus saberes significativos.

Nas palavras de Friedmann (1996, p. 75), "O professor é mais do que um orientador: ele deve ser um desafiador, colocando dificuldades progressivas no jogo, como uma forma de avançar nos seus propósitos de promover o desenvolvimento ou para fixar aprendizagens. Esse é o grande papel do professor enquanto educador lúdico e criativo".

Análises a respeito da ludicidade na educação infantil demonstram que jogos e brincadeiras transformam a escola em um espaço privilegiado para a promoção do desenvolvimento e da aprendizagem. A observação dos alunos em brincadeiras requer do educador conhecimento sobre diversos aspectos referentes à educação e a outras áreas, como psicologia, filosofia e sociologia.

Concordando com essa ideia, Moyles (2006, p. 200) destaca que "a observação é um processo profissional de alto nível e requer um entendimento bem fundamentado da educação da primeira infância e o desenvolvimento da experiência em sala de aula". A autora afirma ainda que a observação do brincar é muito producente para o educador, pois ele aprende a analisar o comportamento e as habilidades dos educandos.

Nesse sentido, é preciso considerar que, de acordo com a atual concepção de avaliação – diagnóstica e progressiva –, devemos elaborar uma forma de avaliação que verifique o significado que o aluno deu ao conteúdo trabalhado, utilizando diferentes instrumentos, como novas formas de brincar, produção coletiva de textos (mediada pelo professor) e desenhos, novas formas de exploração dos materiais, dramatizações etc.

3.7 SUGESTÕES DE BRINCADEIRAS

A abordagem do capítulo sublinhou a importância da brincadeira na infância. Com isso, você já pode fazer um exercício mental e imaginar as crianças na prática lúdica sugerida, bem como refletir sobre possíveis adaptações de acordo com a realidade social e cultural das crianças.

Grande parte dos professores da educação infantil já conhece a ligação entre a brincadeira e algumas práticas específicas que envolvem o cotidiano da sala de aula, visto que é possível aliar as atividades rotineiras às ações lúdicas. Observe algumas sugestões para aplicar no cotidiano escolar:

> Perguntar às crianças que brincadeiras elas conhecem e de quais participam dentro e fora da escola. Pesquisar: local onde brincam, objetos e materiais utilizados, regras, fatos ocorridos, conceitos e significados, formas de movimentos (andar, correr, saltar, trepar, arrastar, empurrar, puxar, arremessar, carregar etc.), ritmos, danças etc.

> Com base no levantamento das brincadeiras e das formas de movimentos conhecidos pelas crianças, contextualizar os conteúdos.

> Montar com as crianças painéis, livros de história, texto coletivo (sempre servindo como mediador) etc., refletindo sobre a questão cultural da brincadeira.

> Confeccionar com as crianças roupas, fantasias e outros acessórios para dramatizações.

> Escolher uma história e, depois, montar um teatro com caixas de papelão e bonecos feitos de pano, jornal, massa de modelar etc.

> Ensinar danças folclóricas tradicionais (regionais, internacionais): levantar informações

sobre elas, deixar que as crianças criem e ensinem passos umas às outras.

› Ensinar jogos com regras simples em que seja possível a utilização de todos ou, pelo menos, da maioria dos movimentos fundamentais (andar, correr, pular, agachar, puxar, empurrar etc.).

› Montar com as crianças circuitos que requeiram diferentes habilidades em um jogo de faz de conta. Exemplos: atravessar um rio ou mar, com jacarés ou tubarões, balançar-se num cipó, pular um buraco, jogar uma corda com uma pedra amarrada na ponta para subir em uma árvore ou escalar uma montanha etc.

› Nas atividades de lançar e receber, fazer com que as crianças alcancem alvos fixos ou móveis.

› Nas atividades de saltar e cair, fazer com que as crianças saltem ou caiam de diferentes maneiras. Exemplos: com os dois pés juntos; correr alguns metros e saltar etc.

As brincadeiras de roda, as cantigas e as expressões corporais são um excelente recurso para estimular as linguagens infantis. A seguir, apresentamos práticas que podem enriquecer o repertório cultural das brincadeiras para a infância:

> **Cantigas de roda**: *A canoa virou*; *Ciranda, cirandinha*; *Se esta rua fosse minha*; *Boneca de lata*; *Escravos de Jó*; *Peixe vivo*; *Teresinha de Jesus*; *Samba Lelê*; *O sapo não lava o pé*.

> **Expressão corporal**: reconhecer e localizar determinadas partes corporais em relação às demais, aplicando noções de lateralidade; reconhecer partes duras e moles, com pelos etc.; brincar de respirar com o nariz tampado, falar e cantar com o nariz tampado etc.; imitar movimentos de pêndulo, utilizando apenas o tronco, em diferentes posições.

> **Integração do corpo como um todo**: atividades que enfatizem articulações, localização espacial, ossos e musculatura, modificação do tônus muscular, flexibilidade, partes que cumprem a mesma função, simetria de movimentos.

> **Jogos cooperativos**: entre uma atividade e outra, convidar as crianças a guardar os brinquedos e outros materiais utilizados. Pode-se também pegar uma caixa grande cheia de brinquedos, bolas coloridas, sucatas diversas (observando o tamanho) e brincar com as crianças de retirar e recolocar os objetos dentro.

> **Brincando com as caixas de papelão**: colocar à disposição das crianças caixas de papelão com tampas removíveis repletas de pedaços de madeira coloridos e outra caixa fechada, com buracos recortados na parte superior, de diferentes tamanhos e formas de onde saem pedaços de papel celofane de diferentes cores; estimular as crianças a explorar o material para que se familiarizem e, em seguida, propor a elas a montagem de torres para que derrubem e remontem. Para dar continuidade

a essa atividade, é possível oferecer caixas fechadas com objetos dentro, maiores que os buracos recortados, para desafiar as crianças a retirá-los, ou fazer recortes menores, onde não caibam os objetos disponíveis, e observar as reações delas.

> **Brincando com bolas**: oferecer às crianças bolas de diferentes tamanhos, de borracha e de tecido; deixar que explorem o material livremente. Depois disso, estimulá-las a atirar as bolas para cima, para a frente, umas para as

outras etc.; equilibrar ou rolar uma bola pequena em diferentes partes do corpo.

> **Palminhas na contação de história**: as crianças ficam ao redor do professor, que narrará uma história. Toda vez que aparecer determinado personagem, as crianças devem bater palmas.

> **Jogos recreativos**: propor às crianças que corram à vontade pelo espaço e, toda vez que o professor fizer um sinal previamente combinado, elas devem tocar determinado objeto.

> **Jogos com arcos (bambolês)**: amarrar uma corda de um extremo a outro da sala e, ao longo da corda, prender alguns bambolês distantes uns dos outros para que as crianças os ultrapassem. Podem ser deixados alguns arcos soltos pelo chão. Cantar a música *Passa, passará* enquanto fica como mediador da brincadeira. Letra: "Passa, passará / quem de trás ficará / a porteira está aberta / para quem quiser passar. / Passa um, passa dois, e o último ficará" (nesse momento, prender uma criança com o arco).

> **Amarelinha**: estimular as crianças a pular amarelinha, à sua maneira. É importante que o professor organize uma fila e as auxilie para que não tentem pular todas de uma vez, pois as crianças com menos de 3 anos ainda não compreendem a espera da vez para participar das atividades e das brincadeiras.

> **Boca do palhaço**: feito com uma caixa grande de papelão, com o desenho de um rosto de palhaço, cuja boca é recortada e aberta para que a criança atire nela bolas de papel confeccionadas por ela com a ajuda do professor.

> **Batatinha frita**: o professor ou uma criança fica em um local da sala, perto de uma parede e, ao virar-se de costas, fala "batatinha frita um, dois, três", vira de frente para as outras crianças e estas, que estavam correndo em sua direção, param como se fossem estátuas. Prossegue a brincadeira de acordo com a mediação do professor.

> **Meu bebê**: preparar o ambiente para que todas as crianças fiquem confortáveis e integradas; espalhar bonecas pela sala; pegar uma delas e fazer de conta que está "nanando"; cantar cantigas de roda e colocá-las para dormir; observar

a reação das crianças e estimulá-las a brincar com as bonecas, fazendo-as dormir ou, então, o professor repete o encaminhamento inicial com cada criança.

› **Telefone**: utilizar dois copos de iogurte furados no fundo e em cada furo passar um barbante, que fica preso por um nó de maneira que se fixe no copo; brincar com as crianças estendendo bem o fio para que fiquem longe umas das outras. Uma fala dentro do copo enquanto a outra escuta colocando o outro copo na orelha.

› **O chão é o limite**: solicitar às crianças que fiquem dispostas livremente na sala; colocar no chão três tapetes com cores diferente, feitos com EVA, com 30 x 40 cm cada; pedir às crianças que escolham o tapete de que mais gostam. Escolhido o tapete, o professor pede para que cada criança suba no tapete escolhido. Pode dizer também que o tapete é mágico e que, por isso, elas não podem sair de cima dele, estimulando a imaginação. Explorar diferentes posições de equilíbrio com os pequenos, ficando apoiados apenas sobre um pé, ou com os joelhos, ou só com o quadril etc.

> **Escravos de Jó**: organizar as crianças sentadas em círculo e distribuir para todas caixinhas de fósforos encapadas; ensinar a música cantando e/ou ouvindo um CD: "Os escravos de Jó / jogavam caxangá / tira, bota, deixa o Zé Pereira ficar / guerreiros com guerreiros / fazem zigue-zigue-zá (bis)".

> **História maluca**: a atividade pode ser feita em um lugar aberto, como um gramado. Pedir que todos se sentem em círculo; estimular uma criança a iniciar uma história, que deve ser completada pelo colega vizinho à sua direita, e assim sucessivamente, até todos contribuírem com essa história divertida.

> **Caixinha surpresa**: pedir às crianças que se organizem em círculo. É necessário providenciar um CD *player*, alguns CDs, uma pequena caixa e papéis com sugestões de movimentos de imitação. O professor coloca uma música, e a caixinha passará de mão em mão rapidamente. Quando a música parar, a criança que segurar

a caixinha deve retirar um papel (aquele com sugestões de movimentos) e tentar reproduzir o que diz ali.

› **Imitações**: imitar movimentos de animais, sons da natureza etc.

› **Brincadeiras com balões**: organizar as crianças primeiramente em duplas, depois em grupos; entregar a elas balões e estimulá-las a explorá-los (cor, textura, sons etc.), jogá-los para o ar, chutá-los feito bola; pedir às crianças que, em duplas, prensem o balão com as costas umas contra as outras e que tentem girar completamente sem deixar o balão cair. O balão pode ficar preso testa com testa e, então, a dupla deve dançar ao som de uma música. Por fim, uma competição: balões amarrados nos pés dos participantes, que, em duplas, dançam ao som de ritmos regionais. A brincadeira consiste em estourar os balões dos colegas sem parar de dançar.

SÍNTESE

Neste capítulo, tratamos de algumas abordagens teóricas sobre o lúdico, a ludicidade, a educação e a aprendizagem. Com a análise e o comentário dos teóricos Huizinga, Brougère, Piaget e Vygotsky sobre jogo e brincadeira, destacamos que conhecer o lúdico no sentido amplo é mais do que propor jogos e brincadeiras na prática – é entender e saber ressignificar a realidade das crianças. Vimos também que, como o objetivo da escola é garantir a aprendizagem, os educadores precisam ampliar os conhecimentos sobre a área e inteirar-se sobre os grandes pesquisadores e suas conclusões. Além disso, ressaltamos que toda teoria sofre influência do momento sócio-histórico em que ela foi construída e que a escolha das concepções e práticas lúdicas implica a busca por atender a necessidades, valores e interesses de crianças e jovens. Também enfatizamos que o brincar é uma atividade imprescindível para o desenvolvimento e a aprendizagem da criança e requer a organização do espaço e a escolha de materiais adequados a seus interesses.

INDICAÇÕES CULTURAIS

SITE

LABRIMP – Laboratório de Brinquedos e Materiais Pedagógicos. Disponível em: <http://www.labrimp.fe.usp.br>. Acesso em: 17 mar. 2024.

O Labrimp estuda a relação entre teoria e prática pedagógica e o conhecimento da realidade brasileira na área de brinquedos e materiais pedagógicos. As pesquisas são coordenadas pela Professora Drª Tizuko M. Kishimoto e possibilitam reflexões sobre a importância do brincar para a criança no contexto escolar.

ARTIGOS

AVANÇO, L. D.; LIMA, J. M. de. Diversidade de discursos sobre jogo e educação: delineamento de um quadro contemporâneo de tendências. **Educação e Pesquisa**, São Paulo, v. 46, 2020. Disponível em: <https://www.scielo.br/j/ep/a/ktjhTPSSRWjSys3P87KBJVG/?format=pdf&lang=pt>. Acesso em: 6 jun. 2024.

O artigo trata das relações entre jogo e educação na contemporaneidade, abordando as concepções sobre o tema que emergem das práticas e dos discursos. A leitura proporcionará o aprofundamento da compreensão acerca das concepções de Brougère sobre o brinquedo.

CAVICCHIA, D. de C. O desenvolvimento da criança nos primeiros anos de vida. In: UNESP – Universidade Estadual Paulista; UNIVESP – Universidade Virtual Do Estado de São Paulo. **Caderno de formação**: formação de professores – educação infantil: princípios e fundamentos. São Paulo: Cultura Acadêmica, Unesp – Pró-Reitoria de Graduação, Univesp, 2010. v. 1. p. 13-27. (Coleção Caderno de Formação, v. 1, bloco 1, módulo 3, n. 6). Disponível em: <https://acervodigital.unesp.br/handle/123456789/224?mode=full>. Acesso em: 6 jun. 2024.

O artigo descreve a caracterização dos estágios no desenvolvimento intelectual de acordo com Piaget, e sua leitura pode orientar o educador no planejamento e no oferecimento de estímulos ambientais considerando o comportamento da criança.

VOLPATO, G. Jogo e brinquedo: reflexões a partir da teoria crítica. **Educação & Sociedade**, Campinas, v. 23, n. 81, p. 217-226, dez. 2002. Disponível em: <https://www.scielo.br/j/es/a/Kkpt6MCF4gdmqm77DzMb8QD/?format=pdf&lang=pt>. Acesso em: 6 jun. 2024.

O artigo apresenta ótimas reflexões acerca do jogo e do brinquedo no campo da educação relacionado à teoria crítica. O texto expõe a história de alguns brinquedos e das relações do jogo com festas e rituais. Além disso, discute as transformações que ocorreram em torno de conceitos, usos e significados de jogos e brinquedos, associando-as ao crescente processo de racionalização pelo qual passou o mundo ocidental.

LIVRO

VYGOTSKY, L. S. **Imaginação e criatividade na infância**. Tradução de Pedro Fróis. São Paulo: WMF Martins Fontes, 2014. (Série Textos de Psicologia).

A obra esclarece a importância do desenvolvimento e da imaginação na vida da criança, sendo uma referência para a psicologia contemporânea. Os capítulos apresentam o estado da arte a partir de uma análise que vai além da psicologia, abrangendo ideias da pedagogia também. Com essa leitura, é possível ampliar o entendimento acerca dos conceitos relativos ao tema deste capítulo.

ATIVIDADES DE AUTOAVALIAÇÃO

[1] O jogo utilizado em sala de aula torna-se um meio para se chegar aos objetivos educacionais. Assim, o professor interfere na valorização das características e potencialidades dos brinquedos e de suas estratégias de exploração. Sobre isso, analise as afirmações a seguir.

[I] Isso ocorre porque o professor, ao estimular o brincar na sala de aula, considera que a criança o faz a partir de uma situação imaginária. Desse modo, ele deve direcionar o tema da brincadeira e não deixar que aconteça espontaneamente.

[II] Isso ocorre porque o professor, ao utilizar o jogo como recurso pedagógico, pode oferecer informações sobre ele, estimulando e desenvolvendo as potencialidades da criança em situações de aprendizagem.

[III] Ao utilizar o jogo como recurso pedagógico na educação infantil, o professor deve sempre se valer de atividades direcionadas e escolhidas por ele de acordo com seu planejamento.

[IV] O professor pode articular a realidade sociocultural do educando ao processo de construção do conhecimento.

Agora, marque a alternativa que apresenta as afirmações corretas:

[A] II e IV.
[B] I e III.
[C] II, III e IV.
[D] I e II.
[E] I, II, III e IV.

[2] Moyles (2002) destaca que a aprendizagem é otimizada quando se oferece à criança a oportunidade de aplicar algo da atividade lúdica em outra situação. A alternativa que corresponde à abordagem da autora é:

[A] Ao observar situações lúdicas em sua turma, o professor percebe como a criança aprende, e esses dados devem ser relacionados a outras atividades desenvolvidas, como as que exigem registros escritos ou orais.

[B] A brincadeira desenvolve as capacidades básicas sensoriais e favorece o desenvolvimento do raciocínio lógico.

[C] A brincadeira favorece a imitação e a memória, atividades essenciais no desenvolvimento e na aprendizagem infantil.

[D] Ao observar as crianças em situações lúdicas, o professor percebe características das áreas motoras, e esses dados não se relacionam com a aprendizagem em sala de aula.

[E] A brincadeira diz respeito ao desenvolvimento social das crianças e não pode ser utilizada para o ensino escolar.

[3] As escolas de educação infantil que oferecem cenários lúdicos envolventes, como cantos pedagógicos, casinhas de boneca, miniescritórios e brinquedotecas, intervêm de maneira construtiva no desenvolvimento da identidade e da autonomia da criança. Sobre o assunto, analise as afirmativas a seguir.

[I] O brincar infantil, estimulado de maneira espontânea, favorece a representação de papéis e ajuda a criança a interpretar as ações do cotidiano.

[II] O ato de imaginar ajuda a criança a lidar com os conflitos nas relações com o outro, o que favorece a transposição do mundo social para o universo infantil.

[III] Os cantos pedagógicos favorecem o desenvolvimento da imaginação, mas não representam avanços concretos da cognição.

[IV] Quando brinca, a criança lida com o prazer e, assim, as situações de fracasso não são elaboradas.

Agora, marque a alternativa que apresenta as afirmativas corretas:

[A] I e IV.

[B] I e II.

[C] II, III e IV.

[D] I e III.

[E] I, II, III e IV.

[4] Faça as correspondências adequadas entre as categorias de jogos indicadas e as afirmações que seguem:

[I] O brincar como um exercício de convívio social.

[II] O brincar e a criatividade.

[III] O brincar e a construção da imagem corporal.

[IV] O brincar e a avaliação diagnóstica.

[ ] A prática de jogos e brincadeiras é um meio para estimular, analisar e avaliar aprendizagens específicas e habilidades dos jogadores envolvidos.

[ ] Quando brinca, a criança explora movimentos corporais, identificando, assim, suas possibilidades e limites espaciais.

[ ] A criança como criadora aparece na maioria dos contextos lúdicos.

[ ] Em situações lúdicas, os pequenos criam e recriam situações que lhes permitem significar a si e aos outros em diferentes contextos e realidades.

Agora, marque a alternativa que corresponde à sequência correta:

[A] IV, II, III, I.

[B] IV, III, II, I.

[C] IV, II, I, III.

[D] IV, I, II, III.

[E] IV, III, I, II.

[5] Leia o texto a seguir e, depois, analise as afirmativas, marcando V para as verdadeiras e F para as falsas.

> "O brincar é um processo no caminho para a aprendizagem, mas um processo vital e influenciável, e é na implementação do currículo que o brincar mantém a sua posição, pois é no desenvolvimento de muitos aspectos intangíveis que o brincar se sobressai" (Moyles, 2002, p. 106).

[ ] O jogo e a brincadeira não possibilitam o trabalho pedagógico com conceitos sistematizados das áreas de conhecimento.

[ ] O brincar espontâneo possibilita à criança a expressão de ideias sobre determinados conteúdos, como a linguagem e a escrita, que podem ser estimulados pelo professor.

[ ] As regras dos jogos ajudam a criança a identificar suas ações e as dos outros, o que desenvolve uma postura cooperativa e de convívio harmonioso.

[ ] A prática de jogos de faz de conta na escola possibilita a diversão, mas não a percepção dos papéis do mundo adulto.

[ ] A inclusão do jogo e da brincadeira nas propostas pedagógicas escolares tem grande importância no cenário educacional e justifica-se, segundo

estudiosos da área, pela aquisição do simbólico, pois, ao brincar, a criança aprende a criar símbolos.

Agora, marque a alternativa que apresenta a sequência correta:

[A] F, V, V, F, V.
[B] F, F, V, F, V.
[C] V, V, F, F, V.
[D] V, V, V, F, V.
[E] V, F, F, F, F.

ATIVIDADES DE APRENDIZAGEM

QUESTÕES PARA REFLEXÃO

O texto a seguir serve de base para as questões.

> No Brasil, o brincar ainda é visto como um passatempo, uma atividade para ocupar as crianças nos momentos em que o professor corrige seus cadernos ou escreve na agenda; por isso, é desvinculado da aprendizagem. Também ocorrem situações em que os educadores encontram resistência à prática pedagógica lúdica por parte das famílias das crianças, que questionam a brincadeira como recurso pedagógico, ou até por parte da equipe pedagógica da escola, que, muitas vezes, acredita que a aprendizagem deve ocorrer apenas com atividades escritas.

[1] A prática pedagógica ainda é muito vinculada a ações que nem sempre consideram a criança como um ser social e histórico, mas um indivíduo desprovido de qualquer tipo de conhecimento e que necessita de direcionamento rígido e desvinculado de sua realidade. Nesse sentido, como o professor pode mediar as situações de brincadeiras, relacionando-as aos conteúdos escolares?

[2] O brincar como recurso pedagógico demanda estudo do professor, como a definição de objetivos e a escolha adequada de jogos e brincadeiras. Como essas ações podem informar corretamente a importância do brincar para a criança e para a família que o consideram apenas como um passatempo?

ATIVIDADES APLICADAS: PRÁTICA

Atividade 1

[1] Forme um grupo com mais quatro colegas e juntos elaborem um jogo para os alunos do maternal, escolhendo o tema e o objetivo.

[2] Construa os recursos e apresente-os para a turma. Debata sobre a participação de cada um na elaboração do jogo.

[3] Faça anotações sobre o debate, individualmente.

[4] Reúna o grupo e compare as anotações.

[5] Elabore um texto reflexivo sobre as questões abordadas no debate.

Atividade 2

Procedimentos

Converse com seus colegas, familiares e amigos sobre os jogos e as brincadeiras dos quais eles participavam na infância. Também pesquise sobre o assunto em artigos na internet, revistas e livros de educação, analisando as mudanças na concepção do brincar em sala de aula.

Observe, então, os passos a seguir:

[1] Forme uma equipe com quatro pessoas.

[2] Discutam, em conjunto, os principais aspectos observados na pesquisa.

[3] Elaborem, em grupo, um plano de aula com base na reflexão e na problematização.

[4] Escolham um dos níveis da educação infantil (berçário, maternal ou pré-escolar).

[5] Escolham um tema para as brincadeiras apresentadas no capítulo (o brincar espontâneo, o brincar e a imagem corporal, o brincar e a criatividade).

[6] Definam os objetivos a alcançar.

[7] Descrevam a metodologia da aula, explicando claramente o espaço a ser utilizado, a organização do ambiente, os recursos (brinquedos, aparelhos de som, papéis, lápis etc.), as ações que propiciarão as interações entre professores, alunos e recursos, os jogos e as brincadeiras empregados e a forma como será feita a avaliação da aula (para a proposta de avaliação da aula, considerar a observação dos educandos durante as atividades lúdicas, suas relações emocionais, o conhecimento do corpo e a compreensão das relações sociais envolvidas nos jogos, visando, assim, à avaliação diagnóstica; é possível propor aos alunos a elaboração de novas formas de brincar, a produção coletiva de textos, a produção de desenhos e novas formas de exploração dos materiais etc.).

[8] Registrem por escrito (individualmente) as ideias e as dúvidas sobre a tarefa. A equipe deve definir em conjunto os pontos que cada um vai pesquisar e dividir as tarefas.

[9] Estabeleçam um horário para vocês se reunirem e apresentarem os resultados da pesquisa e das tarefas individuais, bem como para fazer a integração de todo o conteúdo.

> O plano de aula pode ser aplicado em uma escola, se for possível e permitido pelo professor. Para isso, é necessário que, no dia previamente marcado, o plano de aula seja desenvolvido conforme o planejado. Lembre-se de registrar, por escrito, o relato da experiência.

[10] Organizem uma conclusão em que o grupo estabeleça relações entre o processo de pesquisa, a elaboração do plano de aula, a realização da aula e os conteúdos estudados neste capítulo.

Apresentação

A equipe deve:

[1] Apresentar o trabalho às demais equipes;

[2] Solicitar aos colegas que façam uma avaliação oral e por escrito do trabalho, indicando seus problemas e seus pontos positivos;

[3] Recolher as avaliações e anexá-las ao texto que o relator do grupo vem construindo para complementar o portfólio da atividade.

quatro...

A prática pedagógica na educação infantil

Neste capítulo, abordaremos a prática pedagógica do professor de educação infantil no que se refere aos campos de experiências de acordo com a Base Nacional Comum Curricular (BNCC). Nesse contexto, deve ser previsto o planejamento de um currículo estimulante e dinamizador do processo de ensino e aprendizagem da criança de 0 a 5 anos. Para isso, o futuro professor precisa considerar que, durante sua prática, vai se deparar com uma enorme diversidade cultural, que a criança vai aprender e se desenvolver em meio a essa diversidade e que isso tudo vai interferir em seus interesses e suas necessidades, exigindo do profissional constante atualização. Também se faz necessário ter clareza na definição de objetivos, na elaboração de recursos e na redefinição do planejamento. Nesse sentido, a proposta pedagógica deve conceber a criança como um ser histórico e social.

Dessa maneira, cabe à escola buscar formas de ensino que considerem a criticidade e a construção da cidadania, formando, assim, crianças com pensamento reflexivo e transformador de sua própria realidade social.

4.1 O PROCESSO DE DESENVOLVIMENTO E A APRENDIZAGEM DAS CRIANÇAS NA EDUCAÇÃO INFANTIL

Falar de desenvolvimento infantil nos primeiros anos de vida implica observar o bebê desde seu nascimento. Como apontamos anteriormente – quando descrevemos características de desenvolvimento e sugestões de encaminhamentos pedagógicos –, as crianças muito pequenas necessitam de cuidados e atenção extremamente complexos, como alimentação, repouso e higiene. À medida que crescem, elas começam a se expressar por meio do choro e de expressões motoras ainda mal-controladas, mas eficientes para dizer o que sentem, o que querem ou não. Assim, expressam alguns desejos e, por meio da linguagem oral e corporal, fazem suas solicitações.

Antes de apresentarmos a prática pedagógica na educação infantil, é importante retomarmos algumas questões sobre esse processo complexo, que envolve relações entre o desenvolvimento e a aprendizagem. Essa abordagem será feita à luz dos estudos de Bassedas, Huguet e Solé (1999).

Bassedas, Huguet e Solé (1999, p. 24) salientam os conceitos de Vygotsky ao abordarem as relações entre a aprendizagem e o desenvolvimento. Os futuros educadores precisam ficar atentos também à maneira como as crianças aprendem e aos aspectos fundamentais que envolvem o processo da aprendizagem. Nesse sentido, os educandos aprendem comportamentos e desenvolvem destrezas, hábitos e conhecimentos de formas muito diversas, com base nas próprias experiências e nas relações que estabelecem com os estímulos que lhes são ofertados.

As autoras destacam que a experiência com objetos possibilita a exploração e a experimentação em tempo integral e ocorre nos dois primeiros anos de vida. Essas experiências proporcionam às crianças um conhecimento de mundo que lhes permite atribuir significados às características dos objetos, como cor, forma e textura, e às relações que podem ser estabelecidas entre eles e situações que envolvem movimento, observação, ação e pensamento. Também experiências com situações é foco das autoras, que apontam a importância das vivências cotidianas da criança, as quais lhes ajudam a identificar acontecimentos, a se imaginarem nessas situações e a prever resultados de suas ações (Bassedas; Huguet; Solé,1 999).

Bassedas, Huguet e Solé (1999, p. 26) explicam que, por meio de dessas situações, "a criança aprende a identificar os objetos que são previsíveis de encontrarem-se em determinados lugares, [...] a maneira como as coisas estão habitualmente situadas no espaço, [...] e também a sucessão temporal de terminadas situações". Com efeito, por meio de experiências com objetos e situações, a criança percebe marcos significativos para a aprendizagem, pois estas possibilitam à criança que tome consciência de normas de conduta para a socialização.

4.1.1 A FORMAÇÃO INTEGRAL DA CRIANÇA NA EDUCAÇÃO INFANTIL

A criança evolui conforme interage com o meio, explorando objetos, vivenciando ações de seu mundo, do mundo adulto e de todos os que estão envolvidos em seu cotidiano. Assim, a formação integral ocorre a partir do momento em que suas experiências possibilitam o desenvolvimento das áreas motora, cognitiva e afetiva.

> **Importante!**
>
> A divisão entre essas três áreas – motora, cognitiva e afetiva – é considerada apenas para fins de estudo, pois o desenvolvimento é global e existe uma estreita ligação entre elas.

A abordagem de Bassedas, Huguet e Solé (1999) serve de apoio teórico para a apresentação conceitual de cada uma dessas áreas. É importante reforçar esses conceitos, embora provavelmente você já tenha noção ou conhecimento específico desse assunto. Isso porque existem muitos educadores, com muitos anos de experiência, que ainda não sabem exatamente do que estão falando quando utilizam esses termos. O educador que tem amplo conhecimento da importância das áreas de desenvolvimento considera com maior clareza as características e as necessidades de seus educandos no momento do planejamento.

> **Área motora**: engloba tudo o que se relaciona com a capacidade de movimento humano. Também faz parte dessa área a psicomotricidade, extremamente importante no processo de desenvolvimento e aprendizagem da criança.

> **Área cognitiva**: envolve as habilidades perceptivas que permitem a compreensão do mundo. Desde que nasce, a criança apresenta diferentes formas de interagir com o meio e de atuar nele. Isso ocorre pelo uso da linguagem (verbal, corporal etc.) ou pela maneira como o indivíduo percebe os problemas e lida com eles.

> **Área afetiva**: engloba os aspectos relacionais e destaca as vivências que enfatizam a

possibilidade de se sentir bem consigo, as situações emocionais que necessitam de equilíbrio pessoal, como novas experiências, situações ou pessoas.

O relato a seguir expressa uma experiência bem-sucedida com uma turma de maternal. Ela será analisada no decorrer do texto com o objetivo de mostrar a você como elaborar uma proposta pedagógica para a educação infantil.

O acolhimento dos bebês

A professora planejou um ambiente em sala de aula para as crianças bem pequenas (com idade entre 18 meses e 3 anos) explorarem o espaço e desenvolverem a lateralidade e a organização espacial, envolvendo o campo de experiências "Corpo, gestos e movimentos" (Brasil, 2018). Eram dez horas da manhã e as crianças já haviam feito a primeira alimentação e a higiene antes de ela os levar até seu outro espaço. Logo que chegaram, olharam as escadas, o escorregador, os arcos e os móbiles. Inicialmente pararam e, em seguida, saíram em disparada em todas as direções. As crianças tinham

> entre 2 e 3 anos. Duas meninas subiram a escada e ficaram olhando lá de cima. Apesar de haver apenas cinco degraus de madeira, largos e com corrimãos ao lado, as meninas tiveram a sensação de irem bem alto, o que ampliou e modificou seu campo de visão.
>
> Após alguns minutos de exploração do espaço, a lactarista do berçário trouxe um bebê que estava chorando. Era sua primeira semana e, por isso, ele ainda estava em processo de adaptação. Ela sentou com o bebê no chão e ele saiu engatinhando desajeitadamente, de acordo com seus 7 meses. Logo que chegou próximo a um biombo feito de caixa de papelão, colocou a mão em uma cortina de retalhos, abriu-a e, para sua surpresa, encontrou outra criança do maternal. Esta tinha uma bola na mão e a ofereceu ao bebê, derrubando-a no chão. Este a pegou, a sacudiu e a levou à boca. Deu um sorriso e saiu engatinhando.

Ao analisarmos o relato, destacamos que, já há algumas décadas, um dos objetivos das creches e das pré-escolas é favorecer o processo de socialização das crianças. Nessa perspectiva, a interação com outras crianças de idades próximas propicia, aos poucos, a descoberta do mundo. De fato, as crianças interagem entre si por meio de diferentes linguagens e brincadeiras e desenvolvem sua imaginação e criatividade, o que desperta a curiosidade.

Nesse contexto, cabe aos professores ofertar-lhes um ambiente rico e dinamizador no que diz respeito às interações. As crianças interagem entre si, com o adulto, com os objetos e com o meio. Assim, pequenas variações no espaço e na organização dos materiais proporcionam um novo sentido ao trabalho pedagógico, condição que leva a criança a elaborar novas situações, problematizar, pesquisar, fazer de conta e descobrir novas possibilidades.

4.2 A PRÁTICA PEDAGÓGICA NA ESCOLA DE EDUCAÇÃO INFANTIL

Historicamente, a trajetória educacional da infância vem demonstrando exaustivos esforços na busca pela qualidade do trabalho pedagógico. Nesse sentido, professores, entidades e iniciativas públicas e privadas colocam em prática o que é refletido nas discussões que movimentam o cenário pedagógico infantil. A renovação nesse nível de ensino também encontra apoio em projetos bem elaborados, os quais buscam unir atividades pedagógicas aos cuidados de crianças de 0 a 5 anos. É o que justifica o Parecer n. 4, de 16 de fevereiro de 2000 (Brasil, 2000), do Conselho Nacional de Educação (CNE) e da Câmara de Educação Básica (CEB).

Sabemos, no entanto, que, para a concretização dessa proposta, a educação infantil percorreu um longo caminho, com reflexões sobre sua prática e ampliação de seu universo teórico. Com efeito, autores ligados à educação infantil fizeram transcorrer um processo de transformações nas áreas sociais, políticas e educacionais.

Atualmente, a prática pedagógica desenvolvida na educação infantil visa estimular a autonomia na busca de soluções de problemas. Nessa perspectiva, fornecer à criança liberdade para explorar seu espaço é enriquecedor. Os conteúdos são significativos em sua forma de trabalho, sendo comum a realização de aulas-passeio, em que são explorados os recursos da própria região onde os pequenos vivem. Os professores, ao disponibilizarem e contextualizarem a cultura e a história nas quais as crianças estão inseridas, ampliam e valorizam aspectos sociais, políticos e educacionais e promovem a formação de cidadãos.

Bassedas, Huguet e Solé (1999), em seus estudos no contexto da realidade espanhola, também apontam a trajetória da educação infantil, e seus comentários sobre o currículo dessa etapa educacional são um referencial para a formação dos professores. As autoras destacam que, pelo caráter não obrigatório da educação infantil, por muito tempo, houve – e ainda há – uma grande resistência no que diz respeito à elaboração de um currículo para essa etapa. Porém, justificando sua importância, elas partem do princípio de que a escola deve ser um lugar onde as crianças se sintam bem, um ambiente agradável de convivência, pois isso auxilia no desenvolvimento (Bassedas; Huguet; Solé, 1999).

As autoras conceituam o currículo tanto para a creche quanto para a pré-escola e, partindo do objetivo de integrar as crianças da comunidade à cultura do grupo, afirmam que "a escola é um dos instrumentos que a sociedade possui para transmitir os conhecimentos, o legado cultural de uma geração à outra" (Bassedas; Huguet; Solé, 1999, p. 56). A favor de um desenvolvimento integral das crianças na educação infantil, Bassedas, Huguet e Solé (1999) evidenciam também o papel relevante que a escola tem no desenvolvimento pessoal dos educandos, o que descrevem abordando uma concepção que corrobora os conceitos de educação no Brasil: "A escola também precisa favorecer um desenvolvimento pessoal do aluno que lhe permita participar e atuar de maneira crítica em relação aos saberes culturalmente organizados, com o qual colabora desenvolvê-los e adequá-los para as gerações posteriores" (Bassedas; Huguet; Solé, 1999, p. 56).

Nesse sentido, as autoras definem *currículo* como "um conjunto de saberes culturais" (Bassedas; Huguet; Solé, 1999, p. 56) e destacam que eles foram referendados por especialistas da educação e por responsáveis políticos das sociedades democratas. Esse conceito leva ao conhecimento de como é elaborado um currículo para a educação básica, seja a educação infantil, seja o ensino fundamental, seja o ensino médio.

Grande parte dos educadores, em diferentes regiões do país, pensam que os assuntos ensinados nas escolas são prontos e predefinidos, obedecendo a uma hierarquia, que, no Brasil, seria estabelecida por profissionais que atuam no Ministério da Educação (MEC), passando por outras instâncias até chegar à escola. Entretanto, sabemos que os estudiosos da educação não produzem qualquer conhecimento sem pesquisa e, com isso, procuram atender às necessidades das diversas realidades de seu país. O educador também é um pesquisador, embora muitas vezes não tenha consciência disso. Quando se preocupa com uma criança ou um grupo delas, que apresentam dificuldades de aprendizagem ou interesses por algum tema, o educador logo se põe a pesquisar o que ensinar, como e quando fazê-lo.

Desse modo, coloca em prática um currículo que, apesar de apresentar conteúdos específicos para cada modalidade, também é flexível, já que a escola elabora suas ações pedagógicas de forma que sejam voltadas aos interesses e às necessidades das crianças.

Tendo isso em vista, Bassedas, Huguet e Solé (1999) apresentam alguns aspectos sobre o que ensinar na educação infantil, destacando os **saberes fundamentais**, que são as informações e as experiências socialmente valorizadas, os elementos que promovem o desenvolvimento dos educandos nos aspectos de **autonomia** e **autocuidado**; e **conteúdos específicos** para cada modalidade (creche e pré-escola), que requerem auxílio específico por parte dos professores, como entender o sentido da aprendizagem da língua e dos cálculos matemáticos para a resolução de problemas etc.

Todavia, muitos educadores envolvidos com a educação infantil se sentem um tanto despreparados e sem apoio, mesmo que já seja perceptível um grande avanço no processo de aperfeiçoamento das práxis pedagógicas em creches e pré-escolas. Como exemplo, podemos citar a implementação das Diretrizes Curriculares Nacionais para a Educação Infantil (DCNEI) e da Lei de Diretrizes e Bases para a Educação Nacional (LDBEN) – Lei n. 9.394, de 20 de setembro de 1996 (Brasil, 1996) –, a qual prevê que as propostas pedagógicas levem em conta a realidade das crianças e de suas famílias, o que torna a ação educativa um desafio para os educadores.

De fato, a educação busca soluções para essa problemática há muito tempo, procurando desenvolver projetos voltados à integração entre educar e cuidar. É sobre isso que discutiremos na sequência.

4.2.1 EDUCAÇÃO DE CRIANÇAS: UM COMPROMISSO DE TODOS

Bordignon (2008, p. 37) aponta que "o sucesso ou insucesso dos outros inumeráveis papéis que vamos exercer ao longo de nossa história (aluno, profissional, por exemplo) dependerão, em grande parte, do sucesso ou do insucesso de nossas relações dentro do sistema familiar".

O auxílio da família é importante para estimular os pequenos a pesquisar, por isso, para a montagem dos jogos, você pode contar com os pais no envio de figuras e curiosidades sobre os animais. As crianças começam a contar em casa o que estão aprendendo e a fazer perguntas sobre o assunto. Essa interação fortalece os laços afetivos entre a criança e a família, integra os pais à escola e, ao mesmo tempo, mostra que o ensino proposto na creche e na pré-escola é tão importante quanto os cuidados com a higiene e a alimentação.

Nessa perspectiva, Kishimoto (2008) aponta que a brincadeira na educação infantil esteve presente no Brasil desde o final do século XIX, mas foi perdendo força na década de 1970, quando se passou a delegar para esse nível de ensino a responsabilidade de intervir na educação, com o objetivo de evitar o fracasso na alfabetização.

Bassedas, Huguet e Solé (1999, p. 63) sublinham que o currículo para a educação infantil, "na sua função orientadora, informa os critérios gerais que devem ser contemplados nas práticas educativas mais favoráveis à aprendizagem referente a cada idade. Trata-se basicamente dos aspectos metodológicos".

As autoras descrevem os aspectos mais específicos do currículo que podem ser considerados na prática educativa.

Um dos elementos fundamentais apontados é a relação entre o professor e as crianças, cujo ápice é o afeto. É importante que o professor aproveite todas as situações em que ocorrem interações para mediar a busca de novos caminhos e problematizar e elaborar novas resoluções. Para tanto, o ambiente deve ser rico, facilitador e possibilitar situações em que a criança possa experimentar, explorar, manipular e observar. Para que isso ocorra com qualidade, é preciso que o professor também se preocupe com as ferramentas utilizadas (Bassedas; Huguet; Solé, 1999).

Em seus planejamentos, você pode aproveitar o interesse das crianças por animais, tema que desperta a curiosidade infantil, e criar jogos para explorar e fixar informações sobre os bichos. Passeios contribuem para tornar mais significativas essas práticas; por isso, visitar zoológicos e feiras de animais, além de elaborar jogos a respeito desse tema, é um grande incentivo na construção de conceitos e possibilidades de relações entre os conteúdos e sua sistematização em sala de aula.

> **Importante!**
>
> Ao professor cabe "facilitar as ferramentas para conhecer a realidade e para ajudar a fazer uma memorização abrangente dos aspectos que [as crianças] vivenciam na escola" (Bassedas; Huguet; Solé, 1999, p. 64).

A relação com a família também é abordada por Bassedas, Huguet e Solé (1999), que consideram a colaboração entre a casa e a escola um elemento fundamental para auxiliar o desenvolvimento da criança. A escola deve desenvolver e ofertar, portanto, diversos canais de comunicação para haver troca e reflexão sobre o processo de desenvolvimento e de aprendizagem do educando.

Corroborando essa proposta, Mello (2008, p. 50) destaca que a criança, desde pequena, percebe suas diferenças em relação ao adulto, notando que "o adulto tem habilidades que ela, criança, não tem ainda. A aquisição de habilidades passa a ser, assim, perseguida na infância, na tentativa de ir desvendando os mistérios dos adultos". As autoras ressaltam ainda que, para a criança, saber é ter habilidades e aprender a fazer. Incentivar a prática lúdica como recurso pedagógico é entender que a brincadeira, embora considerada livre e espontânea, é uma criação da cultura. O brincar desenvolve a imaginação, a atenção, a concentração e a discriminação visual e auditiva, habilidades fundamentais para o desenvolvimento e a aprendizagem infantil. Assim, seja qual for a metodologia adotada na educação infantil, é fundamental que ela não perca de vista a ludicidade.

Bassedas, Huguet e Solé (1999, p. 114) entendem o planejamento "como uma ajuda ao pensamento estratégico do professor, sendo um recurso inteligente por meio do qual ele pode elaborar suas aulas", e apontam que é necessário haver flexibilidade, já que sua concretização ocorre na tomada de decisões em relação às necessidades e interações dos educandos.

Foi o que aprendemos enfrentando diferentes realidades da educação, com a prática em diversos contextos que envolveram creches, pré-escolas, cursos de formação de professores, capacitações, graduação e pós-graduação. A legitimidade dessas práticas é resultado de mais de uma década de elaboração e desenvolvimento de planejamentos e projetos pedagógicos na educação infantil, os quais, muitas vezes, foram questionados, havendo a necessidade de reformulação até mesmo no momento da intervenção.

Os momentos que intermediaram essa construção, que podemos chamar de *construção do conhecimento pedagógico sobre a educação infantil*, foram de visitas e observações sistemáticas no contexto de estudos de diferentes áreas de conhecimento, como direito, filosofia, psicologia, sociologia e pedagogia. Houve pesquisa de atividades, jogos, brincadeiras, músicas, enfim, recursos que eram simulados, testados e adaptados para cada grupo de crianças com quem iríamos atuar, além do conhecimento de diferentes propostas pedagógicas, com concepções distintas umas das outras. Assim, quando apontamos a elaboração do planejamento como um dos momentos decisivos na atuação do professor de educação infantil, estamos nos referindo a todo um universo educacional inserido na prática pedagógica em creches e pré-escolas. Portanto, tudo o que apontamos como parte da construção do conhecimento do professor de educação infantil precisa ser estudado e discutido com uma grande equipe, a equipe de colegas.

A experiência advinda da aplicação do planejamento é importante para a elaboração de novas propostas pedagógicas e novos planejamentos, pois é com base em resultados anteriores que ocorre a reflexão sobre as concepções estudadas e adotadas. Por isso, o professor precisa estudar, ler e interpretar as teorias, contextualizando-as em sua realidade educacional, visto que elas existem para serem questionadas e estão sempre em processo de transformação, assim como o contexto histórico-social das crianças. Leituras complementares também formam o rol de informações necessárias à ação pedagógica do professor. Procure participar de palestras e cursos de capacitação e assinar revistas que abordem temas relacionados à infância, à sociedade, à história, à arte, à psicologia, entre outros assuntos.

Bassedas, Huguet e Solé (1999) apontam os benefícios do planejamento baseado em decisões pensadas e fundamentadas, pois isso esclarece o sentido daquilo que o professor deseja ensinar e do que aprende. O planejamento adequado permite que o professor leve em consideração os conhecimentos prévios e as potencialidades dos educandos, descrevendo e esclarecendo as atividades que pretende desenvolver. Além disso, prevê os recursos necessários, possibilita a organização do tempo e do espaço e auxilia na observação para uma avaliação diagnóstica.

Entre as etapas da educação infantil, uma com a qual nos identificamos muito é o berçário, pois o consideramos um período fundamental para o desenvolvimento e a aprendizagem do ser humano, por ser o momento das primeiras interações que a criança faz, sob estímulos sistematizados em forma de conteúdos, recursos e metodologias que envolvem o movimento, as linguagens, a leitura do mundo que a cerca.

O berçário é um espaço afetivo na educação infantil e trabalhar nessa etapa requer toda a atenção do educador para as questões de integração das áreas de desenvolvimento e aprendizagem dos bebês. As crianças chegam a partir dos 4 meses de idade e já têm de lidar com uma ruptura com os laços que desenvolveram com a mãe ou o adulto que delas cuida. Por essa razão, o profissional deve considerar que esse pequeno ser humano precisa de muita atenção.

Antes de pensar nas atividades a serem realizadas, questões cotidianas, como troca de fraldas, alimentação, repouso, interações com os objetos e com outras crianças, devem ser abordadas com afeto e carinho, o que não significa que você precisa estar o tempo todo com a criança no colo. Durante os anos em que nos dedicamos ao estudo da educação infantil, sempre fizemos questão de dizer aos professores em formação que o afeto não está apenas no contato físico, mas também nos momentos em que o professor estuda como o bebê nasce, cresce, desenvolve-se e aprende. Aprende? Sim, a criança aprende desde bebê, mas não da mesma maneira que as crianças maiores. A aprendizagem nessa fase está muito ligada a aspectos sensoriais. Assim, o olhar, a maneira de falar, o tom de voz, o ambiente, a temperatura e os objetos que são oferecidos aos bebês possibilitam amplo desenvolvimento afetivo.

Estimular os pequenos pode resultar em repulsa, medo, ansiedade ou, ao contrário, suscitar neles o desejo de aprender. Um exemplo disso é a troca de fraldas, a higiene ou o momento de levar a criança pela primeira vez ao vaso sanitário. Para os pequenos, as fezes fazem parte de seu corpo, por isso devemos evitar brincadeiras e expressões que mostrem descontentamento, pois a criança pode entender que as palavras são para ela.

Muitas atividades no berçário podem partir de brincadeiras de imitação das ações do adulto, pois o bebê já observa e reproduz os gestos e as caretas das pessoas à sua volta. O professor pode ajudá-lo também a explorar sons e movimentos dos brinquedos e dos objetos utilizados nas atividades.

Com o objetivo de estimular os sentidos, o educador pode distribuir às crianças potes vazios (de margarina, cosméticos, *ketchup*, iogurte, maionese, xampu etc.), todos bem lavados e esterilizados. Inicialmente, é preciso deixar as crianças explorarem o material livremente para que aprimorem e transformem seus esquemas de agarrar, soltar, rasgar, amassar, sacudir, derrubar etc.

As brincadeiras podem incluir jogos nos quais as crianças se utilizem de diferentes órgãos dos sentidos, como engatinhar ou caminhar descalças sobre uma linha traçada com fita adesiva no chão ou sobre uma corda estendida. O professor pode, igualmente, estimular os pequenos a pesquisar e reconhecer características particulares da sala – subdivisões, colunas, cantos, buracos, manchas – e dos sons, propiciando momentos de escuta e de silêncio por alguns instantes. Nesse momento, é importante registrar e nomear os sons que as crianças ouvem. Instrumentos musicais como tambores podem ajudar na atividade.

Também os brinquedos com peças para montar, encaixar, jogar e empilhar são adequados a essa faixa etária. Ressaltamos que, para a segurança de todos, os brinquedos oferecidos aos pequenos devem ser sempre maiores do que o tamanho da boca deles aberta. Nessa fase da vida, a brincadeira é uma atividade paralela ao aprendizado, então o ideal é que o material seja suficiente para que todos possam compartilhar as ações e as interações lúdicas.

Os clássicos da literatura também são recursos indispensáveis para o trabalho na educação infantil e podem servir de base para projetos pedagógicos. Histórias como *Os três porquinhos* ou *Chapeuzinho vermelho* podem ser contadas e encenadas na forma de teatro de fantoches. Após a contação de histórias, o professor pode ajudar as crianças na construção de máscaras e na confecção de cenários e fantasias para os personagens, explorando cores, formas, texturas, tamanhos e diversos materiais, o que desenvolve a criatividade e o senso crítico.

4.3 O ESPAÇO E O TEMPO DA CRIANÇA

O brincar, direito das crianças, pode ser propiciado com a oferta de fantoches, fantasias e outros recursos que façam parte de cenários de histórias infantis. Os brinquedos de madeira, plástico, tecido e espuma devem fazer parte dos recursos utilizados pelas crianças, assim como materiais alternativos, como caixas de papelão de diferentes tamanhos, usados em jogos de construção, por exemplo. Diversos materiais podem ser organizados em sala de aula com vistas à brincadeira. Confira o relato a seguir.

Exemplo prático

Na turma de pré-escola, a professora organizou a sala de aula de maneira que as crianças pudessem explorar o espaço. Logo na entrada, colocou uma corda presa horizontalmente com um sino pendurado. Dentro da sala, fez um caminho utilizando um túnel (ou minhocão), feito com cinco bambolês plásticos e tecido de 2,5 metros de comprimento. Ao final do túnel, estavam dispostos quatro arcos no chão, um após o outro, formando uma trilha, que terminava em um grande tecido azul e macio, estendido sobre um colchonete. Depois do tecido, havia três caixas de papelão, grandes o suficiente para entrar uma criança em cada, dispostas uma ao lado da outra, e, na frente delas, brinquedos de encaixe.

Forneiro (1998) explica que a organização dos materiais consiste em sua disposição no espaço físico, objetivando estimular a percepção e a interação de quem os vê com o meio. Nessa perspectiva, Horn (2004) salienta que a forma como o professor organiza o espaço, dispondo jogos e materiais, às vezes de forma empobrecida, não possibilita o desafio cognitivo às crianças, o que impede o estímulo de interações e a construção do conhecimento.

Aspectos falhos na organização do trabalho pedagógico podem acontecer não só na educação infantil, mas em qualquer nível de ensino, porém a organização do espaço é um dos elementos da prática pedagógica que favorecem a relação ensino-aprendizagem. O professor precisa estar atento a esse aspecto, oportunizando interações espaciais e afetivas na realização de seu planejamento com a educação infantil.

O espaço disponibilizado deve ser ventilado, limpo, claro e amplo. Quanto mais a criança tiver oportunidade de explorar espaços abertos, melhor será seu desenvolvimento. O professor, sempre que puder, deve optar por áreas ao ar livre, com árvores e areia, porque um ambiente rico e convidativo propicia momentos criativos e prazerosos aos pequenos. Tal perspectiva está pautada no Parecer CNE/CEB n. 4/2000, como indicado a seguir:

4. Espaços Físicos e Recursos Materiais para a Educação Infantil

a – Os espaços físicos das instituições de educação infantil deverão ser coerentes com sua proposta pedagógica, em consonância com as Diretrizes Curriculares Nacionais, e com as normas prescritas pela legislação pertinente, referentes a: localização, acesso, segurança, meio ambiente, salubridade, saneamento, higiene, tamanho, luminosidade, ventilação e temperatura, de acordo com a diversidade climática regional.

b – As normas devem prever ainda o número de professores por criança, dependendo de sua faixa etária, entre 0 e 6 anos de idade, em consonância com Art. 25 da LDB/96.

c – Os espaços internos e externos deverão atender às diferentes funções da instituição de educação infantil, contemplando:

> *Ventilação, temperatura, iluminação, tamanho suficiente, mobiliário e equipamento adequados;*

> *Instalações e equipamentos para o preparo de alimentos que atendam às exigências de nutrição, saúde, higiene e segurança, nos casos de oferecimento de refeição;*

> *Instalações sanitárias suficientes e próprias para uso exclusivo das crianças;*

> *Local para repouso individual pelo menos para crianças com até um ano de idade, área livre para movimentação das crianças, locais para amamentação e higienização e espaço para tomar sol e brincadeiras ao ar livre;*

> *Brinquedos e materiais pedagógicos para espaços externos e internos dispostos de modo a garantir a segurança e autonomia da criança e como suporte de outras ações intencionais;*

> *Recursos materiais adequados às diferentes faixas etárias, à quantidade de crianças atendendo aspectos de segurança, higienização, manutenção e conservação.* (Brasil, 2000, grifo do original)

Organizar o ambiente do trabalho pedagógico deixa a aula mais produtiva, com objetivos claros e recursos adequados ao desenvolvimento do conteúdo. Zabalza (1998) considera que a preocupação com o ambiente envolve quatro dimensões, as quais, mesmo distintas, estão relacionadas entre si.

A primeira dimensão é a **física**, definida como "o aspecto material do ambiente, a estrutura da escola, da sala, o mobiliário e os materiais que são dispostos dentro do espaço escolar" (Zabalza, 1998, p. 134).

A segunda dimensão é a **funcional**, que se refere "à maneira como o professor utiliza um espaço, como ele pensa na autonomia das crianças e dispõe os objetos" (Zabalza, 1998, p. 135). Por exemplo, o canto da contação de histórias e seus recursos podem dar suporte a uma aula de teatro, de conversa sobre assuntos cotidianos etc.

Quando o professor organiza a rotina em seu planejamento, prevê determinado tempo para as atividades lúdicas, para a higiene, para a alimentação etc. Essa ação corresponde à dimensão **temporal**, que, tão importante quanto as outras, auxilia na percepção do ritmo da turma como um todo e de cada aluno. Se o professor sabe que na hora da atividade de escrita ou de desenho algumas crianças procuram terminar a tarefa rapidamente, precisa prever como podem interagir com os colegas de maneira construtiva (Zabalza, 1998). Assim, os cantos pedagógicos têm a função de ampliar e dinamizar o estudo sobre os assuntos; se forem trabalhados aspectos do meio ambiente com os alunos, o canto da leitura pode oferecer um jogo da memória com diferentes ecossistemas e suas relações com a sociedade ou um livro que conta a história da Amazônia, dos principais rios do país, por exemplo, para que as crianças percebam como o assunto faz parte do cotidiano.

A organização do mobiliário na sala de aula – carteiras e cadeiras, armários, local destinado aos jogos – deve ser pensada em uma dimensão **relacional**, o que significa que o professor planeja interações entre as crianças e entre elas e os objetos, verificando como cada uma participa e faz parte do grupo de alunos e de tudo o que compõe o espaço (Zabalza, 1998). Essa dimensão demonstra claramente a concepção de educação que cada professor desenvolve; ao vermos o espaço organizado por ele, percebemos como é sua postura durante a prática pedagógica.

O espaço, portanto, é um elemento importante na ação pedagógica, mas ele não pode ser considerado apenas pelo professor, e sim por todos aqueles que fazem parte do cotidiano da escola.

Ao acompanharmos estágios em instituições de educação infantil, muitas vezes observamos que os profissionais tinham receio de usar materiais como tinta, realizar atividades de recorte e colagem ou brincar com argila dentro de sala. As justificativas apresentadas eram sempre as mesmas: "As funcionárias da limpeza não gostam desses materiais, pois sujam a sala" ou "As funcionárias da limpeza já terminaram o expediente, por isso não podemos usar esses materiais hoje".

Refletir sobre essa questão é fundamental para uma ação pedagógica construtiva, que considera a criança um sujeito ativo no processo de construção do conhecimento. Tal questão nos faz pensar sobre os hábitos que, como adultos, temos e que pretendemos passar a nossos alunos. Ensinar a criança a cuidar do ambiente de que faz parte é um exercício de cidadania que proporciona autonomia e independência. É, por excelência, um bom momento para valorizar o meio ambiente, que, além da natureza, é o espaço que nos cerca.

Entretanto, pensar no espaço só da sala de aula é pouco. Uma escola de educação infantil tem muitos espaços. Há uma sala dedicada à pré-escola, outra ao maternal e uma específica para o berçário. Há também um lactário, onde se preparam as mamadeiras e outras pequenas refeições, além do banheiro para banho, higiene e troca de fraldas (que deve ter vasos sanitários, pias, lixeiras, portas e divisórias que facilitem o acesso dos pequenos, isto é, tudo deve ser adaptado e adequado ao tamanho das crianças). Uma escola precisa também de um pátio com grama, areia, uma parte revestida com um piso que não seja escorregadio e de fácil limpeza, um parque, árvores e plantas. Um cantinho para fazer uma horta é um ótimo estímulo para a alimentação saudável.

Além disso, é necessário organizar uma sala para os professores planejarem o trabalho, um local para assistir a filmes e desenhos, um *hall* de entrada, próximo à sala da direção e da coordenação pedagógica, e, claro, a cozinha e o refeitório, que devem ser locais arejados, muito limpos, com materiais adequados e que facilitem o manuseio de panelas e utensílios.

4.4 O PROTAGONISMO INFANTIL

A ação pedagógica do professor pode envolver as atividades rotineiras, como o almoço. Isso inclui servir os alimentos sem misturá-los, para que as crianças sintam o sabor de cada um e identifiquem suas preferências, e oferecer colheres para que elas comam sozinhas. Os pequenos aprendem na observação das atitudes dos outros, pois o desenvolvimento da autonomia caminha junto com a formação da identidade. Assim, a criança precisa ser chamada pelo nome, ter acesso a espelhos, encontrar facilmente seus objetos pessoais, o que contribuirá para a percepção de suas características individuais. Nos locais em que são penduradas as mochilas, é possível colocar fotos e nomes das crianças, para que relacionem seus objetos à sua própria imagem.

Na creche e na pré-escola, existem materiais comuns a todos, como caixas de lápis, brinquedos e livros, mas também os de uso pessoal e individual, como produtos de higiene e pastas de atividades. Identificá-los com nome e um desenho escolhido pela própria criança a ajuda a se situar em relação a essas diferenças e contribui para a formação de sua identidade.

O protagonismo estimulado ao longo da infância garante à criança que se sinta mais segura ao ocupar seu lugar nesse espaço, que, além de físico, é social e afetivo. O movimento como forma de expressão é um aliado no desenvolvimento das linguagens simbólicas. Ao participarem de brincadeiras individuais e em grupo, as crianças criam e recriam regras e exploram espaços, e essas ações ampliam seu desenvolvimento motor e cognitivo.

Nesse sentido, no currículo da educação infantil, a arte tem um papel articulador, pois estimula as crianças a identificar os recursos artísticos como forma de expressão criativa. Para

Schiller e Rossano (2008, p. 19), "o uso de materiais de maneira que os limites sejam determinados apenas pelos meios artísticos fornecidos e pela imaginação da criança possibilita que elas expressem a sua percepção única do mundo".

Assim, a construção do conhecimento na educação infantil deve considerar o desenvolvimento integral das potencialidades das crianças, permitindo que elas interajam e se relacionem tal como são, expressando suas características de comportamento com atitudes colaborativas entre pares. Bassedas, Huguet e Solé (1999, p. 43) destacam a importância do equilíbrio pessoal e da capacidade das crianças de se relacionarem, apontando que "o substrato que possibilita um bom desenvolvimento psicomotor, cognitivo e linguístico é a progressiva construção da identidade pessoal (a personalidade) juntamente com as capacidades de relacionar-se e comunicar-se com outras pessoas".

Contudo, vale ressaltar que o ser humano constrói sua identidade durante toda a sua vida. As experiências e as vivências do cotidiano são relevantes e, aos poucos, ajudam a definir a identidade em diversas situações. Também "é importante entender que o eu e a personalidade infantil não são uma entidade que a criança tem incorporada ao nascer e que depois vai mostrar na relação com outras pessoas e, nessa interação, vai sendo interiorizada" (Bassedas; Huguet; Solé, 1999, p. 43). Portanto, o meio, por intermédio das interações entre as pessoas, é um fator relevante no desenvolvimento pessoal da criança e de suas potencialidades.

A construção da identidade, nessa perspectiva, requer o desenvolvimento de ações pedagógicas com os pequenos desde os primeiros anos de vida. A seguir, descreveremos uma atividade que pode contribuir para o desenvolvimento pessoal dos bebês.

Álbum do bebê

A proposta consiste em confeccionar um álbum com figuras de objetos que fazem parte do cotidiano dos pequenos, como mamadeira, pente, escova de dente, roupas e travesseiro. Os materiais utilizados são cartolinas de cores claras – branca ou amarela –, recortes de revistas com figuras dos objetos, de bebês de diferentes etnias, roupas, brinquedos e objetos de higiene pessoal, entre outros que você considerar conveniente.

Com bebês, crianças bem pequenas ou crianças pequenas, o professor pode selecionar as figuras recortadas em algumas categorias, como figura humana, produtos de higiene, alimentação e brinquedos. Logo após, em meia folha de cartolina, pode fazer uma margem e escrever com letra maiúscula a categoria estabelecida. Depois, é só colar as figuras de acordo com a classificação feita.

> Após a exploração com as crianças maiores, tudo será transformado em um álbum, prendendo-se as folhas pela margem esquerda. Utilize esse álbum para estimular a oralidade com os bebês, nomeando os objetos, as cores, as formas etc. É importante, nesse momento, escutar as expressões orais e os balbucios e observar as expressões faciais dos alunos. As crianças podem ficar sobre um tapete grande na sala, algumas apoiadas em almofadas, caso ainda não consigam se sentar sozinhas.

Esse tipo de prática, embora muito simples aos olhos do adulto, ajuda os bebês a interpretar o meio, pois, cada vez que ouvem o nome dos objetos e os identificam, tentam tocá-los, levá-los à boca e manuseá-los, ações importantes para o desenvolvimento neurossensório-motor e da linguagem. Schiller e Rossano (2008, p. 75) destacam que "o desenvolvimento da linguagem envolve aprender a escutar, adquirir novo vocabulário, aperfeiçoar a sintaxe, aumentar o tamanho das sentenças e ter clareza na comunicação". O trabalho com a sensibilidade fonológica, definido pelos autores, leva a criança a brincar com a língua, utilizar ritmos e criar onomatopeias. Com efeito, faz parte dessa perspectiva o trabalho psicomotor, porque envolve esquemas de coordenação motora, equilíbrio, lateralidade, esquema corporal e discriminação visual, auditiva e tátil.

4.5 CORPO, GESTOS E MOVIMENTOS NA PRÁTICA PEDAGÓGICA

Os bebês e as crianças bem pequenas utilizam o movimento como forma de expressão. Mesmo as crianças que já se comunicam por meio da fala continuam se expressando corporalmente. Por isso, é importante não impor regras como ficar sentado e em silêncio, pois isso não faz parte de uma educação que visa à qualidade na aprendizagem das crianças, uma vez que, enquanto se movimentam, elas colocam em ação o pensamento. Assim, quanto mais o professor propiciar práticas pedagógicas que envolvam o movimento, maior será a oportunidade de a criança desenvolver o conhecimento de si e do outro, bem como de sua expressão.

Para Wallon (1995), o bebê recém-nascido apresenta movimentos automáticos que dependem das características inatas, como os reflexos e os automatismos de alimentação, defesa e equilíbrio. Seus movimentos são dominados pelas necessidades orgânicas e ritmados pela alternância alimentação-sono. Nessa fase de impulsividade motora, descrita pelo autor, seus gestos são explosivos e não coordenados.

O autor considera que o desenvolvimento motor da criança a partir dos 3 meses de idade ocorre por intermédio de um comportamento motor global, com atitudes emocionais fortes e mal-controladas. Nessa fase, a criança adquire maior consciência de seus movimentos, virando-se para os lados. Sua expressão demonstra necessidade de movimento e exploração do meio, participando de todos os acontecimentos ao seu redor.

O bebê precisa de práticas em que possa se arrastar, engatinhar, se segurar até que consiga levantar e andar. Esse processo favorece gradualmente o desenvolvimento da consciência dos limites de seu corpo, assim como da consequência de seus movimentos. O professor pode organizar o espaço das crianças colocando túneis, caixas, escorregador e bancos para que sirvam de apoio.

As experiências motoras vividas pelas crianças nas brincadeiras propiciam a identificação de seu próprio corpo e dos objetos, estabelecendo, assim, as primeiras noções de imagem corporal, condição fundamental para a descoberta do mundo exterior.

Nesse contexto, Bassedas, Huguet e Solé (1999) apontam que é importante estimular a função lúdica e criativa do trabalho com as linguagens, por meio de atividades em que as crianças vivenciem momentos de prazer com o movimento e a música. "A linguagem corporal é relacionada, por um lado, à linguagem musical e, por outro, à área da descoberta de si mesmo" (Bassedas; Huguet; Solé, 1999, p. 84). A observação das crianças nas brincadeiras é fundamental, pois, quando brincam, elas expressam suas sensações em seus movimentos; então, é possível perceber pelas suas expressões o que lhes agrada mais e aquilo de que não gostam, além de sensações como medo ou surpresa.

Os gestos do professor também fazem parte da relação ensino-aprendizagem. Na pré-escola, a criança já apresenta mais domínio corporal e um vocabulário mais amplo, o que lhe garante desenvoltura na comunicação. Nessa fase, ela já compreende melhor a si mesma e sua relação com o mundo. Por isso, há uma tendência a diminuir as atividades corporais. Nessa idade, a criança está em pleno desenvolvimento psicomotor, experimentando ações que envolvem o esquema corporal, a organização espacial e temporal, a lateralidade, o equilíbrio e a coordenação motora, por isso os jogos e as brincadeiras devem continuar a ser valorizados na pré-escola.

As práticas que envolvem danças, jogos e as habilidades motoras de manejo com bolas, cordas, arcos, saquinhos de areia etc. facilitam a evolução das possibilidades do corpo, ampliando o desenvolvimento psicomotor. A coordenação motora fina também deve ser explorada e desenvolvida, porém não com atividades mecânicas, como cobrir pontilhados com linha ou ficar horas amassando bolinhas de papel, mas com aquelas que exigem diferentes movimentos, como recortar, amassar argila, rasgar papel, pintar com o dedo e com pincéis, entre outras.

Nessa perspectiva, o movimento para a criança pequena significa muito mais do que mover as partes do corpo ou deslocar-se no espaço. A criança se expressa e se comunica por meio de gestos e interage fortemente utilizando o apoio do corpo.

Por conseguinte, sugerimos práticas lúdicas do campo de experiências "Corpo, gestos e movimentos" para favorecer a percepção, a atenção, a consciência, a memória, a coordenação motora e a orientação ou estruturação espacial e temporal, elementos importantes no processo de adaptação da criança ao ambiente, já que seu corpo ocupa espaço.

RECONHECENDO O ESPAÇO DA ESCOLA

> Convide as crianças para um passeio pela escola. Logo no início, questione-as sobre o reconhecimento do espaço coletivo e sugira regras como: não interferir nos movimentos dos outros; adequar-se aos movimentos dos outros; brincar em um espaço compartilhado; passear pela sala ou pelo pátio sem esbarrar nos colegas ou nos objetos; formar círculos – um só ou concêntricos – ou fazer trenzinhos.

ESPAÇO SENSORIAL

No parque, você pode estimular a percepção de paisagens. Caso esteja chovendo ou não haja espaço voltado à natureza na escola, utilize imagens para esse trabalho. Faça com as crianças movimentos inspirados nas imagens propostas; explore os sons do corpo, como os produzidos pelos aparelhos respiratório e fonador, ou os sons do meio externo, como os da rua.

MEU CORPO

Pergunte às crianças que partes do corpo conseguem tocar, mostrar e nomear. Reconheça e localize determinadas partes corporais em relação às outras, aplicando noções de lateralidade e lateralização. Reconheça partes duras e moles, com pelos etc. Brinque de respirar com o nariz tapado, fale e cante com o nariz tapado, imite movimentos de pêndulo, utilizando apenas o tronco, em diferentes posições, em pé, sentado, agachado, equilibrando-se em uma perna etc.

INSTRUMENTOS DE UMA BANDA RÍTMICA

> Utilize instrumentos musicais como tambores, flautas, cornetas, latas, pandeiros, chocalhos e violão (alguns deles construídos com sucata e outros de brinquedo). Estimule as crianças a explorar sons dos instrumentos e, em seguida, movimentar o corpo de acordo com os sons produzidos, em diferentes posições (sentado, em pé, agachado etc.).
>
> Depois de deixar as crianças brincarem com os instrumentos musicais livremente, cante músicas conhecidas por elas, como cantigas de roda. Com base nas canções, inicie as brincadeiras de roda.

4.6 TRAÇOS, SONS, CORES E FORMAS NA PRÁTICA PEDAGÓGICA

As práticas com desenhos, sons, percepção de cores e formas na educação infantil favorecem a evolução das diferentes habilidades motoras. As crianças podem identificar as partes do corpo batendo palmas, empurrando ou batendo em objetos, ficando em pé sobre o pé direito ou esquerdo ou levantando a mão esquerda. Instrumentos musicais como pandeiros e tambores podem ditar o ritmo dos movimentos. Assim, conforme as batidas e o ritmo dos instrumentos, o corpo se sensibiliza e a criança mexe braços e pernas. Vale também propor brincadeiras como imitar formas de carros, casas, letras e números com o próprio corpo. Em seguida, pode-se estimular a imaginação das crianças, que criam e recriam, evidenciando suas interpretações e ganhando domínio corporal para atuar no mundo.

Além das brincadeiras, as artes visuais e a música também são linguagens que ampliam as formas de expressão e o desenvolvimento cognitivo. Práticas em que as crianças tenham de escutar sons, manipular objetos ou realizar batidas de palmas e ouvir músicas com diferentes ritmos ou instrumentais são importantes nessa fase.

As atividades vinculadas ao fazer musical são realizadas com diversos materiais que propaguem sons – "produzidos pelo corpo humano, pela voz, por objetos do cotidiano, por instrumentos musicais acústicos, elétricos etc., [...] pode-se fazer música com todo e qualquer material sonoro" (Brito, 2003, p. 59).

É possível também incentivar a criação de canções, brincadeiras com a própria voz, imitação de sons de animais e confecção de instrumentos que podem acompanhar a dança e o canto das crianças. Instrumentos como o reco-reco podem ser produzidos com um papelão ondulado, uma garrafa plástica ou um pedaço de madeira. As baquetas também podem ser construídas com rolhas ou papel machê e palitos de churrasco, para explorar sons de tambores feitos com latas vazias, cuidadosamente polidas para não deixar bordas que possam machucar, ou com caixas de papelão firmes. Os chocalhos podem ser feitos com sementes e potes plásticos e devem ser devidamente lacrados com tampas e fita adesiva.

Para Brito (2003), o fazer musical é o contato entre pessoas que estejam ativas no cenário musical, seja cantando, seja dançando, seja ouvindo, e a produção musical contempla criação e reprodução, eixos educativos pelos quais acontece a prática pedagógica. Nessa perspectiva, a autora propõe três possibilidades de trabalho: (1) a **interpretação**, que consiste na "atividade ligada à imitação e reprodução de uma obra" (Brito, 2003, p. 57); (2) a **improvisação**, que implica "criar instantaneamente orientando-se por alguns critérios" (Brito, 2003, p. 57); e (3) a **composição**, que "é a criação musical caracterizada por sua condição de permanência, seja pelo registro na memória, seja pela gravação por meios mecânicos [...], seja, ainda, pela notação, isto é, pela escrita musical" (Brito, 2003, p. 57).

Considerando-se essa visão de trabalho, as práticas com artes visuais ampliam as referências artísticas. A produção das crianças deve ser estimulada, em detrimento de desenhos prontos feitos mecanicamente com a reprodução de formas. Os desenhos podem ser criados com a exploração de materiais, a contação de histórias etc.

A arte na educação infantil pode ser trabalhada com conteúdos que envolvam a pintura, o desenho, a modelagem, o recorte, a colagem e a dobradura. Também são interessantes as atividades que envolvam o teatro com máscaras, fantasias ou fantoches. A linguagem da arte é uma das formas de expressão humana mais antigas de que se tem conhecimento; ademais, ela coloca em evidência questões do mundo imaginário na infância. Nesse sentido, abordar esse conteúdo na educação infantil estimula a cognição, a sensibilidade e a cultura.

O educador pode organizar um espaço na própria sala para a arte, disponibilizando recursos adequados que conduzam ao trabalho com cores, linhas, pontos, formas, harmonia, texturas, em diferentes temas e estilos. Entre esses recursos podem estar tintas, pincéis, papel, esponjas, velas, rolhas, carvão, lápis preto, grafite ou pastel, canetas hidrográficas e esferográficas, giz de cera e, para o quadro de giz, barbante, lãs, linhas, lixas, tecidos e areia.

Também são úteis materiais como sucatas, constituídos por produtos industrializados ou naturais, bem como massinha, argila, blocos e retalhos de madeira, espátulas, rolos, miçangas, máscaras, fantoches, recortes de EVA ou TNT. O importante é que sejam organizados em um ambiente estimulador, de modo que as crianças possam perceber texturas, cores e aromas.

> **Importante!**
>
> Para estimular a criatividade das crianças, o professor pode recorrer às obras de pintores e escultores conhecidos no mundo das artes, com o objetivo de estimular a leitura de imagens e o contato com a cultura construída historicamente, e não com a simples reprodução de técnicas, o que reduziria o trabalho, tornando-o mecânico e sem expressão.

As artes visuais são vistas como uma linguagem com estrutura e características próprias e sua aprendizagem ocorre nos aspectos prático e reflexivo. Nesse sentido, a prática pedagógica envolvendo as artes visuais exige do educador atenção às características de desenvolvimento próprias das crianças, objetivando estimular a criatividade delas.

A abordagem de Schiller e Rossano (2008) indica a importância de o professor solicitar às crianças que falem sobre sua forma de expressão artística, pois, assim, os pequenos percebem que o adulto está interessado em seu trabalho.

O professor pode fazer perguntas como:

› O que você pintou?

› É algo conhecido?

› O que significa?

Além disso, elogios carinhosos e sugestões construtivas sobre a utilização dos recursos são importantes para a criança, uma vez que o desenvolvimento infantil ocorre de modo integrado: o pensamento, a sensibilidade, a imaginação e a percepção se unem no processo de aprendizagem em artes visuais. O professor precisa estar preparado para desenvolver uma ação educativa de qualidade, pois o trabalho pedagógico nessa área há muito tempo se desvinculou de uma prática decorativa ou de reforço para a aprendizagem de conteúdos.

Vale destacar que a qualificação profissional, tema sempre presente nas discussões sobre a educação infantil, aprimorou o atendimento às crianças pequenas. Com efeito, a formação acadêmica e pedagógica dos professores propiciou o conhecimento do desenvolvimento das crianças e das diferentes concepções pedagógicas.

Bassedas, Huguet e Solé (1999) enfatizam que as crianças, na educação infantil estão muito interessadas nas atividades plásticas. Os pequenos, desde o início de seu contato com lápis e papéis, observam que podem fazer traços expressivos e deixar marcas. As autoras apontam as capacidades que essas atividades estimulam, como a habilidade manual, que é trabalhada na precisão em fazer linhas e outros traços, e a imaginação, que favorece a formação de conceitos que envolvem a observação e a análise da realidade.

4.7 ESCUTA, FALA, PENSAMENTO E IMAGINAÇÃO NA PRÁTICA PEDAGÓGICA

As atividades de reprodução de formas, letras e palavras sem sentido deram lugar ao trabalho com a linguagem oral de maneira sistematizada e significativa no ambiente escolar. O professor deve reconhecer a intenção comunicativa dos gestos e balbucios dos bebês, procurando valorizar esses momentos e responder a eles.

A prática de atividades ligadas à linguagem oral considera que os bebês podem e devem interagir com os outros. Para isso, o professor pode organizar espaços forrados com tapetes, almofadas e rolos de espuma cobertos com tecidos para apoiar os bebês que ainda não se sentam sozinhos. As atividades podem envolver cantigas de roda, parlendas, canções, brincadeiras com palavras, brinquedos que estimulem a sonoridade e a atenção.

As rodas de conversa, presentes no maternal, são oportunidades de praticar a fala, identificar preferências, contar histórias vividas com a família. Esses momentos propiciam interações sociais, afetivas e cognitivas entre as crianças, o que favorece a aprendizagem da argumentação, da discussão de regras e da escuta.

O trabalho com a linguagem é essencial para a formação do sujeito, a construção de muitos conhecimentos e o desenvolvimento do pensamento. Nesse sentido, a organização do pensamento deve ser foco do trabalho com a linguagem oral na pré-escola, pois, ao falar, a criança já necessita antecipar e planejar o que deseja expressar.

A prática pedagógica com o campo de experiências "Escuta, fala, pensamento e imaginação", de acordo com a BNCC, deve fazer parte do cotidiano – no local da refeição, no pátio, na biblioteca, no banheiro e nos corredores da escola –, visto que, dessa forma, constrói-se um ambiente propício à comunicação verbal. As pessoas que fazem parte desse ambiente (professores, merendeiros, coordenadores, auxiliares) têm um papel essencial nesse contexto e possibilitam diferentes situações de fala, mais simples ou mais complexas, porém ricas pela diversidade de assuntos.

Na pré-escola, as rodas de conversa constituem momentos em que as discussões não seguem uma formalidade, podendo ser explorados assuntos como notícias de jornais que envolvam a comunidade, ações que serão desenvolvidas em diferentes momentos do dia, situações ligadas a acontecimentos com as crianças em outros contextos, como na família ou em brincadeiras com amigos, entre outros. O importante nesse momento é que cada um tenha a oportunidade de falar e de ser ouvido, apresentando suas opiniões.

As situações pedagógicas com a oralidade descrevem atividades de recontar histórias, declamar poesias, relatar acontecimentos do cotidiano, elaborar perguntas etc., e todas podem ser sistematizadas por meio de brincadeiras com textos poéticos, parlendas, letras de cantigas de roda e brinquedos cantados. Nessas atividades, as crianças de diferentes idades podem estar integradas, porque os menores aprendem com os maiores, participando de contação de histórias, dramatizações e apresentação de músicas.

Para Bassedas, Huguet e Solé (1999, p. 77), "a linguagem verbal é o instrumento básico da comunicação e representação dos seres humanos e é o que os identifica precisamente como tal". Desse modo, a educação infantil, em suas diversas atividades que envolvem a oralidade, estimula os pequenos a desenvolver várias capacidades, o que contribui para a comunicação e a expressão deles.

Tendo isso em vista, destacamos que as crianças são sujeitos conscientes e ativos no processo de construção do conhecimento. Assim, na educação infantil, precisam ter acesso a textos de diferentes gêneros e participar de atividades de reconto de histórias; devem também ter a liberdade de escolher livros para ler em casa, de modo a estimular a leitura e a escrita. O papel do adulto é fundamental no processo de formação cidadã da criança, pois sabemos que é um adulto leitor que mostra às crianças o significado da escrita que está nos livros infantis.

Nessa fase da vida da criança, o pensamento está mais organizado, por isso o professor deve aproveitar todas as oportunidades para ampliar o interesse pela leitura e pela escrita. As rodas de contação de histórias permitem às crianças que, em grupo, escolham seus livros preferidos, conheçam obras de diferentes autores, digam suas opiniões e relatem histórias. É importante que o professor apresente diferentes gêneros textuais para a criança, como bilhetes, receitas, textos informativos, fábulas, lendas, gibis, tiras de jornais e revistas, contos e poesias. A diversidade de textos oferecida pelo professor desperta a curiosidade da criança pela linguagem escrita e amplia seus conhecimentos sobre ela.

O desenvolvimento da linguagem e da expressão acontece ao mesmo tempo que as transformações do pensamento. Dessa maneira, os pequenos percebem e adquirem consciência do mundo de diferentes formas ao mesmo tempo que se desenvolvem e aprendem. A enorme quantidade de experiências cotidianas das crianças favorece relações, associações e reconstrução de pensamentos e ações.

Nesse sentido, as atividades ligadas à aprendizagem da leitura e da escrita devem considerar que o contato da criança com essa área é um processo, assim como a fala e o andar. A criança constrói suas primeiras interações à medida que é estimulada a ter contato com letras, palavras e textos.

A relação entre o corpo, o movimento e a aprendizagem da leitura e da escrita é importante, pois as habilidades psicomotoras são essenciais para o desenvolvimento da linguagem. Entre elas está a lateralidade, percebida nas atividades em que é necessário o desenvolvimento manual, como a escrita e a aprendizagem da matemática, que envolve o conhecimento numérico. A criança precisa saber, por exemplo, quantas voltas existem nas letras *m* e *n* ou quantas sílabas formam uma palavra.

A discriminação visual também envolve a psicomotricidade, com a movimentação dos olhos da esquerda para a direita (e vice-versa) e o domínio de movimentos precisos e adequados à escrita, como o acompanhamento das linhas de uma página do caderno com os olhos ou os dedos. A preensão correta do lápis e do papel e a maneira de folhear o caderno também são trabalhadas na área de coordenação visual e manual.

Portanto, algumas atividades simples podem fazer parte da rotina diária nas aulas. Preste atenção às sugestões apresentadas a seguir.

A percepção pode ser estimulada com exercícios táteis como apalpar sacos de tecido cheios de vários tipos de objetos, identificar os colegas pelo tato, andar descalço sobre diferentes texturas, como lama, água, areia, terra e madeira, ou manipular objetos de madeira, metal e vidro para perceber variações de temperatura e de tamanho. Depois, todos podem contar o que acharam da experiência.

Os exercícios de percepção gustativa são feitos na hora das refeições. O professor pode oferecer alimentos de diferentes sabores e temperaturas, assados, cozidos ou crus, sólidos, líquidos, crocantes, duros ou macios. É possível perceber também cores, comparar temperos como sal e açúcar, entre outros. Essas atividades podem envolver, ainda, uma discussão sobre hábitos alimentares saudáveis.

A percepção auditiva pode ser desenvolvida com brincadeiras como adivinhar a origem de determinado som, dentro e fora da sala, como cabra-cega, ou ler em voz alta poesias e frases com rimas. Outra opção são as atividades de identificação e imitação de sons e ruídos produzidos por animais e fenômenos da natureza. Para exemplificar a prática pedagógica no campo de experiências referido, sugerimos uma brincadeira.

Batata quente dos bichos

Escolha com as crianças do maternal ou do pré-escolar figuras de animais, recorte-as e cole-as dentro de caixas de fósforos. As figuras também podem ser escolhidas com os pequenos do berçário, em uma contação de histórias com livro de imagens. Coloque todas as caixas de fósforo dentro de uma caixa de sapato forrada. Convide as crianças a se sentarem em círculo no pátio coberto da escola. Explique a brincadeira, dizendo que vai tocar uma música e que, enquanto isso, a caixa de sapato deverá passar entre todos.

Quando a música parar, quem estiver segurando a caixa de sapato deve abri-la e tirar uma caixa de fósforo. Sem que os outros vejam, a criança abre a caixinha e vê o animal representado na figura com a ajuda do professor. Então, ela deve imitar o movimento e o som que esse bicho faz, para que os colegas tentem adivinhar. Podem ser exploradas, ainda, informações sobre os animais, como local de origem, onde vivem, de que se alimentam etc. A brincadeira continua até que todos tenham participado.

Os exercícios de percepção visual podem ser realizados nos diversos espaços da escola. Para isso, o professor pode aproveitar os momentos em que as crianças transitam de um ambiente ao outro e fazer com que elas reconheçam cores, texturas, tamanhos e formas: identificar os objetos que têm as cores primárias – vermelho, azul e amarelo –, agrupar objetos com cores iguais, formas iguais etc. Os jogos de quebra-cabeça também são importantes para a discriminação visual e podem ser confeccionados com desenhos das crianças.

Os jogos e as brincadeiras que desenvolvem a coordenação são essenciais para a infância. Por exemplo, é possível resgatar atividades e exercícios de coordenação dinâmica global, como sentar-se no chão com as pernas e os braços cruzados, engatinhar em diferentes ritmos, arrastar e correr imitando animais, correr segurando objetos como uma bola – com as duas mãos, com a mão direita ou com a esquerda –, quicar e arremessar bolas para um colega ou em direção a objetos definidos. Confira a sugestão da brincadeira de tomba-lata.

Tomba-lata

Peça às crianças que tragam de casa latas vazias de achocolatado, leite em pó etc. Em folhas de papel reciclado – ou que podem ser reaproveitadas –, desenhe ou cole números de 0 a 10. As crianças podem colorir os números com tinta guache, giz de cera ou lápis de cor. Também são necessárias três bolas de meia para a brincadeira.

Coloque todas as latas, umas sobre as outras, em cima de uma mesa. Organize as crianças pequenas em duas ou três equipes e ordene-as em filas. A primeira criança de cada fila vai arremessar as bolas de meia nas latas; cada lata derrubada conta pontos para sua equipe. Por exemplo, o primeiro da fila A derruba as latas de números 1, 6 e 7.

O professor pode utilizar tampinhas de garrafa para ajudar na contagem dos números com as crianças, colocando as tampinhas no chão para que todos possam contar. Pode ser feita uma competição entre as equipes, mas sem se esquecer de evidenciar a cooperação.

Os exercícios de coordenação visomotora e motora fina também são aliados no desenvolvimento psicomotor das crianças, e as atividades podem ser feitas utilizando-se massa de modelar e barro, livros, gibis e revistas (para folhear), ioiô etc. Algumas sugestões são: enfiar cadarços nos tênis ou em buracos feitos em tecidos; rasgar papel livremente em pedaços com diferentes tamanhos e formas etc.; ensinar como se segura e se manuseia uma tesoura; colar papel picado e figuras retiradas de revistas ou de desenhos feitos pelas crianças que envolvam o corpo em movimento, como pular corda, crianças tocando violão, linhas horizontais, verticais, diagonais etc.

Como podemos observar, as atividades psicomotoras estão no cotidiano infantil e podem ser desenvolvidas de forma simples e com jogos e brincadeiras.

Que tal estimular o contato com a leitura e a escrita por meio de jogos e brincadeiras aliadas ao movimento? As atividades sugeridas a seguir têm o objetivo de propiciar às crianças o contato com a leitura e a escrita, de maneira prazerosa e lúdica, respeitando seu ritmo e seus interesses.

BRINCANDO COM O MEU NOME

> Peça que cada criança se apresente para a turma, dizendo seu nome e se sabe quem o escolheu, se gosta de seu nome ou que outro nome gostaria de ter. Estimule que falem seus nomes com diferentes entonações. Entregue a cada aluno um pedaço de

cartolina e um lápis. Peça às crianças que criem crachás com seus nomes, escritos com sua ajuda, e os coloquem sobre uma mesa. Quem não souber escrever pode desenhar ou falar, ou escrever do seu jeito. Quando todos terminarem, cada aluno, do seu jeito, apresenta o que escreveu.

FAZENDO A CHAMADA COM BRINCADEIRA DE RODA

Confeccione com os alunos um mural de papel bem grande; pode ser em forma de barco, de carro ou de avião. Utilizando os crachás que estão sobre a mesa, no centro de um círculo formado pelas crianças, cante uma música no ritmo de *Ciranda, cirandinha* e brinque de roda:

"O fulano vai viajar

Dizendo o seu nome bem certinho

O fulano vai pegar

Seu crachá neste aviãozinho."

A criança cujo nome foi citado deve procurar o crachá com o seu nome e fixá-lo no mural enquanto seus colegas cantam a música. Essa atividade propicia desenvolvimento de identidade, socialização, consistência e união do grupo, bem como sondagem sobre as letras que conhecem, o tipo de letra que utilizam etc. O professor deve anotar todas as falas e observações importantes dos alunos. Ao final, convém refletir sobre todo o processo desenvolvido e as observações e descobertas feitas, percebendo também a validade dessa atividade tendo em vista o nível do aluno e as dificuldades encontradas por ele e pelo professor.

MEU NOME VIROU UM QUEBRA-CABEÇA

O aluno escreve em uma ficha, ou já recebe escrito, seu nome e recorta em vários tamanhos. Em seguida, tenta formá-lo novamente. Também pode ser colada uma imagem no verso da ficha.

NOME COM MÍMICA

Cada criança procura em jornais ou revistas um animal que começa com a letra de seu nome. Por exemplo: *Maria – macaco*. O aluno faz uma mímica para os outros descobrirem e, quando acertam, a figura é mostrada e colada em um mural.

BRINCANDO DE FAZ DE CONTA

Leve para a sala de aula objetos e brinquedos que representem o real significado das palavras, como carros de brinquedo para representar carros verdadeiros, relógios, telefones etc. Estimule as crianças a criar histórias com os objetos. Utilize também objetos que não representem o real, como caixas de papelão para imitar carros, e incentive as crianças a criar movimentos e sons que expressem o objeto ou o brinquedo pensado por ela. Com a pré-escola, a atividade pode ser feita em duplas ou trios.

RELATANDO AS BRINCADEIRAS

Muitas escolas têm em sua rotina um tempo e, às vezes, um dia predeterminado para as crianças trazerem brinquedos de casa e se socializarem com colegas. Assim, antes desse dia, proponha aos pequenos que planejem quais brinquedos vão trazer e quais brincadeiras pretendem realizar. Você pode ajudá-los fazendo anotações, produzindo um texto coletivo e construindo regras coletivas que podem ser expressas em cartazes com frases e figuras e expostos no pátio. Reúna as crianças para que relatem as brincadeiras durante seu desenvolvimento e quando terminarem de brincar.

HORA DA LEITURA

> Organize um círculo com as crianças, de preferência embaixo de uma árvore. Estimule-as a ler histórias em quadrinhos com diferentes balões (personagens pensando, sonhando, falando, gritando etc.). O mesmo pode ser feito com obras de arte, ilustrações, marcas de produtos e textos de livros, revistas, jornais, folhetos etc.

4.8 ESPAÇO, TEMPO, QUANTIDADES, RELAÇÕES E TRANSFORMAÇÕES NA PRÁTICA PEDAGÓGICA

As crianças representam o modo como percebem o mundo pelas relações que estabelecem com os objetos concretos da realidade sentida e vivenciada. Essas relações são significadas e mediadas por representações construídas culturalmente, favorecendo mudanças no modo de compreensão do mundo.

A criança é curiosa, gosta de explorar objetos e de movimentar-se constantemente. Nas interações com o meio, ela confronta hipóteses e explicações que lhe são fornecidas. Assim, a elaboração de conceitos acerca de fenômenos, seres e objetos ocorre não apenas com base no concreto, mas de maneira contextualizada e, conforme as crianças vão se desenvolvendo e aprendendo, em direção à particularização.

Considerando esse contexto, você pode organizar a prática pedagógica de modo a sistematizar os saberes mais significativos para a criança e sua realidade. O trabalho consiste em estimular as crianças a observar fenômenos, descrever acontecimentos, elaborar hipóteses e, principalmente, conhecer a historicidade das relações sociais, utilizando para isso recursos como televisão, rádio, fotografias, jornais, filmes e livros.

A prática pedagógica pode envolver histórias, jogos, brincadeiras e músicas que abordem a cultura presente no contexto social da criança, experiências que identifiquem explorações de objetos, suas propriedades e relações simples de causa e efeito. Dessa forma, preparar gelatina é um exemplo simples de como ocorre o processo de transformação, sendo uma atividade que pode ser realizada facilmente com a participação das crianças pequenas.

Algumas escolas investem em espaços com animais e plantas, o que facilita o convívio dos pequenos com eles. A confecção e a observação de terrários com minhocas podem fazer a criança perceber a articulação entre cuidados e ciência, por meio do cultivo de seres vivos importantes para manter a vida das plantas.

As brincadeiras que envolvem a expressão corporal favorecem o conhecimento do próprio corpo e de como ele cresce e se desenvolve, ampliando a noção de seus potenciais físicos, motores e perceptivos. Contudo, a criança percebe gradativamente a relação entre seu próprio corpo e o meio quando descobre que suas ações correspondem ao seu cotidiano.

A prática pedagógica do professor, nesse sentido, pode envolver projetos que estimulem a pesquisa de alimentação, vestimentas, jogos e brincadeiras, canções, relações de trabalho e de lazer que favoreçam a percepção de diferenças culturais e históricas.

O estímulo à percepção das diferenças entre os hábitos de pessoas de um mesmo país, mas provenientes de regiões diversas pode partir de discussões sobre modos de vida, hábitos e costumes. A reflexão sobre a diversidade cultural faz as crianças se identificarem com o contexto social em que vivem, desenvolvendo noções de respeito, solidariedade e cooperação, as quais devem estar presentes nas relações com colegas, familiares, vizinhos etc.

Exemplo prático

Uma sugestão é solicitar às crianças que tentem resgatar fotos antigas e recentes do bairro em que moram e, com elas, montar um "mural refletido", que será o resultado de uma observação feita sobre as principais mudanças ocorridas no espaço. Após a organização desse mural, é possível disponibilizar um mapa da cidade com a localização dos bairros e apresentar trechos de filmes e desenhos animados que mostrem como a modernização urbana criou diferentes tipos de construções e condições de moradia.

É importante que as crianças percebam a localização de sua moradia em relação ao centro da cidade. Para que isso ocorra, você pode desenhar no pátio um mosaico evidenciando o bairro da escola, bairros vizinhos e o centro da cidade. Alguns pontos conhecidos, como igrejas, a escola e praças, podem ser marcados para ajudar as crianças a se localizarem e identificarem as regiões que as cercam.

Depois de traçar caminhos que liguem os bairros, convide todos para brincarem de um jogo chamado *cada macaco no seu bairro*. Diga para as crianças ficarem todas em cima da escola representada no desenho, ou em seus bairros, e explique que, quando falar "Cada macaco no (definir um ponto de referência) do seu bairro", todas deverão se dirigir para o local determinado. Por exemplo: "Cada macaco na igreja do seu bairro" ou "Cada macaco na escola do nosso bairro". As crianças podem andar, pular ou correr para o local determinado e você pode usar termos que definam localizações, como *em frente*, *perto*, *longe*, *ao lado*, *atrás* etc.

Para finalizar o trabalho, organize uma visita a algum ponto de referência do bairro da escola ou do bairro onde a maioria das crianças reside, apontando, também, questões sociais como lideranças de movimentos, localização em relação à escola e ao centro da cidade, condições materiais e serviços disponíveis nesses locais.

4.8.1 E A CIÊNCIA? COMO ESTUDAR A NATUREZA?

O interesse em formar cidadãos conscientes de sua ação sobre o meio pode estimular as práticas que envolvam o contato com plantas e animais

O século XXI necessita de sujeitos críticos que revejam seu relacionamento com o meio ambiente e que tenham consciência das consequências de suas ações na natureza. A própria globalização, que, enquanto aproxima os povos, também provoca conflitos entre as fronteiras políticas, requer novas maneiras de ensino da ciência e da geografia, do estudo da terra e do tempo.

Se a escola tiver um laboratório ou uma sala de informática, é possível realizar experimentos que, por motivo de segurança, não poderiam ser feitos no ambiente escolar da educação infantil. Simuladores *on-line* possibilitam aos alunos a observação do dióxido de carbono, que transportes como carros e ônibus urbanos emitem nas cidades todos os dias. Talvez você pense que um computador conectado à internet seja um recurso de difícil acesso ou, até mesmo, de difícil entendimento por parte de crianças tão pequenas, mas, se utilizado com um bom planejamento, com objetivos claros e o uso de linguagem adequada, valerá a pena.

Partindo das informações relevantes dos conteúdos e dos aspectos observados pelas crianças, pode-se desenvolvida uma dramatização sobre o tema. Assim, questões ecológicas, como cuidado com a natureza, preservação e plantio de novas árvores no bairro em que moram, podem explicar a necessidade de compensar a emissão de dióxido de carbono pelos automóveis e a importância social e econômica dos transportes coletivos.

Refletir sobre a preservação também exige dos professores estudo sobre as diferentes culturas e etnias que existem em nosso país, sobretudo as dos indígenas, que, muitas vezes, são tratadas com descaso pela sociedade.

Você pode pesquisar e mostrar textos e fotos de grupos indígenas e seus tipos de alimentos, a forma como estes são produzidos e em que região; apresentar a maneira como esses povos expressam a arte pelo artesanato, pelas danças, pelos jogos e pelas brincadeiras; falar sobre as características de suas moradias e o modo como vivem atualmente. Enfim, é possível elucidar e mostrar a realidade desse povo, interpretando a presença indígena, seus métodos de sobrevivência e preparo físico, bem como a forma como se organizam socialmente nos dias de hoje e as contribuições que deram para o mundo das artes e da literatura. As práticas podem ser realizadas com releitura de imagens de indígenas, exploração de seus instrumentos sonoros e vivência de suas brincadeiras e jogos, o que é mais significativo que a confecção de adornos e pinturas na pele.

4.8.2 E SOBRE O CONHECIMENTO DOS NÚMEROS?

A matemática também é considerada uma linguagem e tem como objetivo trabalhar quantidade, espaço, tamanho, entre outros aspectos. A criança, desde muito pequena, brinca com sólidos geométricos, quebra-cabeças, jogos de encaixe e, assim, começa a ter noções dos conceitos de tamanho, número e forma.

Nesse sentido, as atividades que envolvem o conhecimento lógico-matemático estimulam o processo de desenvolvimento e aprendizagem da criança, seja pela coordenação das relações que estabelece entre os objetos e os brinquedos, seja pela ampliação do conhecimento físico, como a identificação de cores, pesos etc.

Os números, as relações entre quantidades e as noções de espaço fazem parte de diferentes situações do cotidiano. Ao encontro dessa ideia, Bassedas, Huguet e Solé (1999) destacam que o trabalho com a matemática na educação infantil tem como objetivo desenvolver as capacidades de utilizar as linguagens mais formais, abstraindo a realidade, perceber as propriedades dos objetos ou de acontecimentos, envolvendo a formação de conceitos sobre formas e tamanhos, e resolver problemas por meio de elaboração de estratégias.

Desde muito cedo, a matemática faz parte da vida da criança. Mesmo antes de entrar na creche, ela já vivencia situações que envolvem conceitos lógicos. Para Bassedas, Huguet e

Solé (1999, p. 81), "o trabalho no âmbito da matemática, nesta idade, ajuda a criança a compreender, a ordenar a realidade (as características e as propriedades dos objetos) e também a compreender as relações que se estabelecem entre os objetos (semelhança, diferença, correspondência, inclusão etc.)".

As situações-problema são resolvidas pela criança à sua maneira, por meio de recursos que auxiliam de forma concreta na contagem e nas operações para resolver problemas. Entre esses recursos estão a contagem de figurinhas e a marcação de pontos de um jogo. Essas práticas envolvem suas primeiras relações com os números e são fundamentais na construção dos conhecimentos matemáticos. O professor deve considerar esse aspecto no contexto de aprendizagem da criança.

No entanto, nem sempre o conhecimento da matemática ou de qualquer outra disciplina foi considerado um processo em construção. A abordagem da matemática foi desenvolvida, por muito tempo, com destaque para a aprendizagem dos conteúdos por repetição, memorização e associação. A aprendizagem se dava em uma sequência de conteúdos que requeriam pré-requisitos e precisavam ser trabalhados dos mais simples para os mais complexo, dos mais fáceis para os mais difíceis.

Outra concepção relacionada à aprendizagem da matemática é que a ação pedagógica precisa acontecer pelo objeto concreto para que a criança faça as abstrações. Assim, observamos na fala do aluno, ao ser questionado sobre quantos anos tem, que sua resposta permite a relação direta com o número; o mesmo pode acontecer quando ele sobe na balança para ver seu peso ou usa moedas para pagar balas.

Uma maneira significativa de iniciar o trabalho pedagógico com os números na educação infantil é a prática de coleções. Estimular as crianças a colecionar pode ser uma forma lúdica de relacionar suas experiências a números, grandezas e quantidades. Juntar objetos é um recurso que o professor pode utilizar para apresentar os conteúdos da matemática para as crianças, por fazer parte de hábitos que perpetuam diferentes culturas e momentos históricos. Desse modo, o conhecimento sobre as operações de adição e subtração, produção e interpretação de registros numéricos, comparação e ordenação de quantidades e produção de sequências em ordem crescente e decrescente pode ser construído, levando a criança a diversas formas de raciocínio.

O professor pode utilizar, inicialmente, jogos e brincadeiras que explorem o que as crianças sabem sobre número, numeral, contagem e registro e, durante a prática, fazer anotações sobre a maneira como participam das atividades, o interesse nelas e a forma como resolvem os problemas propostos. Vale a pena lembrar que o jogo utilizado como recurso pedagógico requer planejamento e orientação, além de objetivos claros com relação à aprendizagem. O jogo e as atividades coletivas como parte do planejamento sobre a matemática se justificam por apresentarem os números de modo lúdico e contextualizado.

Por essa razão, as coleções podem contribuir para o desenvolvimento de noções de quantidade. As crianças podem ser estimuladas a trazer para a escola chaveiros, bonecos de borracha pequenos etc. Para organizar a coleção, o professor, junto aos pequenos, pode fazer um mural com os números de 1 a 10 escritos sobre ganchos para pendurar, um a um, até que se forme a quantidade referida. A contagem com as crianças pode ser feita todos os dias.

Folhas e flores colhidas pelas crianças diariamente podem ser interessantes para propiciar momentos de afeto entre elas e a mãe ou o professor. Convidar as crianças a passear no jardim e colher folhas pode ser uma atividade rica e facilitar a contagem e o registro de números até 20 ou 30. A atividade pode consistir em organizar as folhas considerando tamanho e forma e, depois, fazer a contagem e o registro até o número definido pelo professor. Durante a contagem, também podem ser introduzidas as operações de soma e subtração e, ao final, todos podem confeccionar quadros, livros e desenhos com as folhas selecionadas.

A resolução de problemas é parte do contexto da aprendizagem da matemática. A turma da pré-escola também pode ser estimulada a ler, interpretar e produzir escritas numéricas de

2 e 3 algarismos, pois já operam com quantidades maiores e resolvem pequenos problemas matemáticos. Assim, uma coleção de figurinhas pode ser um recurso viável para apresentar os números até 100. As crianças trazem para a sala de aula as figurinhas, que vão sendo contadas diariamente.

O professor deve considerar que o aumento da quantidade exigirá novas atitudes referentes à aprendizagem dos números, uma vez que será diferente contar 8 mais 6 e 12 mais 17, por exemplo. As crianças apresentarão diferentes formas de contar, utilizando os dedos ou riscos no quadro, entre outros. É importante que elas elaborem todas as formas possíveis, pois pela análise e discussão dos procedimentos utilizados é que chegarão ao modo mais adequado ao seu raciocínio.

O registro e a contagem de figurinhas proporcionam novas relações, estrutura de pensamento e elaboração de argumentos sobre as diversas maneiras de organização, o que dá ao professor a oportunidade de refletir sobre a metodologia.

Além das coleções, atividades como histórias, contos, músicas, jogos e brincadeiras favorecem a construção dos conhecimentos matemáticos na infância, pois envolvem, além da sequência numérica, comparações entre quantidades e notações numéricas e a localização espacial.

A seguir, apresentamos práticas envolvendo o campo de experiências referido, enfatizando a matemática para a educação infantil.

FIGURAS GEOMÉTRICAS

Leve para a turma do pré-escolar figuras geométricas recortadas em papel colorido e pergunte quem conhece as formas apresentadas. Estimule as crianças a identificar essas figuras nas próprias roupas, nos objetos da sala etc. Depois de todos dizerem o que sabem e estabelecerem relações com as formas, você pode distribuir folhas com ilustrações.

Em seguida, proponha às crianças que recortem as formas das ilustrações e elaborem um desenho com elas, podendo ser um corpo humano, uma casa, um barco, uma televisão ou algo que cada uma achar mais conveniente. As figuras podem ser repetidas na folha e ter diferentes tamanhos.

Assim que a maioria das crianças formar suas figuras, solicite que colem seus trabalhos em outra folha, que pode ser de papel reciclado.

Para decorar o desenho feito pelas crianças, ofereça sobras de materiais, como EVA, tecidos, algodão, palitos de picolé, casca de lápis, folhas secas e papéis coloridos. Devem estar disponíveis também materiais como cola, lã, lápis e canetas coloridas.

Depois que as figuras estiverem prontas, você pode estimular as crianças a explicar como fizeram a atividade, o que representaram. Outra opção é elaborar uma história coletiva envolvendo os trabalhos produzidos, tudo com sua mediação. O livro didático, que pode ser um instrumento de avaliação sobre a identificação das formas geométricas, também pode conter uma história envolvendo conceitos matemáticos, mas não devemos esquecer a produção de texto, a criatividade e a coordenação motora.

DESENHO COM O CORPO

Leve as crianças ao pátio ou a uma quadra onde todas possam se deitar no chão. Com os pequenos sentados em círculo, explique que a aula vai enfocar tamanhos, comprimentos e unidades de medidas, entre outros conceitos. Leve como exemplos uma régua, uma fita métrica e outros objetos que façam parte do cotidiano e que as crianças identifiquem como instrumentos de medida.

Após as explicações, distribua folhas de papel Kraft em tamanho maior que a altura das crianças e peça que formem pares, decidindo quem vai deitar sobre a folha para ser desenhado e quem vai desenhar o corpo do outro primeiro. No final, todos terão seu corpo contornado. Distribua tesouras para todos recortarem os desenhos. Com figuras escolhidas em revistas, papel colorido, lã, barbante, sobras de tecidos e/ou outros materiais disponíveis, os pequenos podem vestir, fazer rostos, calçar e deixar o recorte o mais parecido consigo mesmos. Quando todos estiverem prontos, meça com fita métrica cada figura feita, explorando com elas as medidas em metro e centímetro. Faça comparações, procurando não focar os que se acharem muito pequenos, mostrando que cada um tem seu tamanho e características próprias.

As figuras podem ser coladas em uma parede grande, na própria sala de aula ou no corredor da escola, para servir de recurso para outras experiências. Para isso, basta pesquisar e soltar a imaginação. Com base no significado que as crianças derem às medidas, você pode medir outros objetos e falar sobre a importância desse conteúdo no cotidiano, ajudar os pequenos a relacionar as medidas com sua casa, a escola, as ruas etc. Isso é uma forma de avaliar o que a turma entendeu sobre o assunto.

O conhecimento lógico-matemático trabalhado na educação infantil deve ocorrer por intermédio de experiências concretas com os objetos, pois, com isso, a criança estabelece relações por comparação, como a descoberta acerca das diferenças entre tamanhos, percebendo o que é menor ou maior. É no pensamento que a criança constrói o conhecimento matemático.

Como exemplo, você pode levar para a sala uma bandeja com legumes da época, de sua região. Mostre os legumes todos misturados para as crianças, convide uma delas para se dirigir até eles e pergunte como poderia ser feito o agrupamento deles em conjuntos. Deixe a criança explorar e agrupar os legumes livremente. Logo que terminar, você pode perguntar a ela como pensou para formar os grupos.

Para Kamii e Devries (1986), o conhecimento físico e o lógico-matemático ocorrem de maneira interdependente, pois, quando a criança age sobre os objetos, ela identifica suas propriedades físicas e as relações lógicas que existem entre eles. Assim, a construção de conceitos sobre números e quantidades acontece por meio da ação sobre os objetos.

SÍNTESE

Neste capítulo, abordamos os campos de experiências nas propostas pedagógicas realizadas na educação infantil. Com a análise proposta, destacamos a riqueza do movimento, da arte, das interações e das brincadeiras. Discorremos sobre o espaço e o ambiente como elementos do planejamento, ressaltando ser necessário desafiar a criança a construir conceitos da matemática por meio de atividades que desenvolvam noções espaciais e numéricas, bem como favoreçam condições para a alfabetização e o letramento. Também enfatizamos que o aprendizado da leitura e da escrita é construído nos primeiros contatos que a criança estabelece com letras, palavras e textos por meio de brincadeiras e interações com o meio. Ainda, sublinhamos que as vivências que envolvem a exploração de objetos e outras situações diversas têm papel relevante na aprendizagem, pois possibilitam novas construções, e verificamos que a evolução da criança ocorre a partir de suas condições atuais, que podem levá-la a estágios mais avançados. Por fim, mostramos que a metodologia escolhida pelo professor determina as relações que a criança faz com o conhecimento desde o início de sua vida escolar, já que o adulto tem um papel importante como mediador entre o mundo cultural e o social da criança.

INDICAÇÃO CULTURAL

LIVRO

ABRAMOVICZ, A.; WAJSKOP, G. **Educação infantil**: creches – atividades para crianças de zero a seis anos. São Paulo: Moderna, 1999.

Com certeza, você deve ter pensado sobre as diferentes possibilidades de encaminhamento para a educação infantil. Para que você conheça mais a respeito do assunto, consulte essa obra, que sugere atividades práticas e possibilita a reflexão sobre o trabalho pedagógico na educação infantil.

ATIVIDADES DE AUTOAVALIAÇÃO

[1] O professor que atua nas instituições de educação infantil se depara com uma enorme diversidade cultural e lida diariamente com a criança em processo de aprendizagem e desenvolvimento. Assim, essa transformação constante interfere nos interesses e nas necessidades dos educandos, exigindo do educador atualização da metodologia utilizada.

Qual das afirmativas a seguir corresponde à ideia apontada no texto?

[A] O professor deve definir objetivos claros, elaborar recursos concretos e significativos relacionados ao tema proposto em suas aulas e constantemente atualizar o planejamento.

[B] A proposta pedagógica deve considerar que a criança ainda é muito pequena e, por isso, não é um ser histórico e social.

[C] A construção da cidadania para a criança passa pelas ações do brincar espontâneo e, nesse sentido, o jogo tradicional, dirigido pelo adulto, envolve conteúdos culturais fora do contexto social do educando.

[D] As atividades da educação infantil devem ser dirigidas pelo adulto, o qual deve utilizar metodologias que fragmentem os conteúdos.

[E] A escolha das atividades e as interações devem ser definidas pelos adultos porque as crianças não têm condições de fazer as próprias escolhas, já que são muito pequenas.

[2] Assinale a alternativa correta sobre a seguinte questão: Como as atividades desenvolvidas na educação infantil podem contribuir para a formação da criança como cidadã, sujeito de direitos, inserida em um contexto histórico e social?

[A] Durante os passeios, comuns na educação infantil, os professores e as crianças devem explorar temas e culturas de outras regiões do país e não da região da criança.

[B] Os professores, ao sistematizarem a cultura e a história, nas quais as crianças estão inseridas socialmente, ampliam e valorizam aspectos sociais, políticos e educacionais que promovem a formação do cidadão.

[C] A literatura como um recurso utilizado na sala de aula serve apenas como base para as atividades de leitura e escrita.

[D] Os cantos pedagógicos, que servem para passatempo das crianças quando terminam as atividades, contribuem somente para os aspectos ligados à imaginação.

[E] As atividades com música na educação infantil não servem para um trabalho relacionado à formação cidadã.

[3] Leia o texto a seguir e, depois, analise as afirmativas, marcando V para as verdadeiras e F para as falsas.

> O auxílio da família é importante para incentivar os pequenos a pesquisar. Assim, ações como ajudá-los a encontrar reportagens, brinquedos e objetos para uma coleção podem estimular a construção do conhecimento.

[ ] Os pais podem ouvir o que as crianças contam sobre o que estão aprendendo na escola.
[ ] Os pais devem ficar atentos à descrição das brincadeiras espontâneas na escola, pois elas demonstram a falta de planejamento por parte do professor.
[ ] A família não deve entregar à criança objetos que sejam de seu tempo de escola, pois não fazem parte do universo cultural e histórico da criança.
[ ] A família que acolhe a fala da criança sobre as atividades desenvolvidas na escola fortalece os laços afetivos existentes entre ela e a criança.

Agora, marque a alternativa que apresenta a sequência correta:

[A] V, F, V, V.

[B] V, F, F, F.
[C] V, F, F, V.
[D] V, V, V, V.
[E] F, F, V, V.

[4] O espaço é um aspecto importante nas brincadeiras, por isso deve atender a alguns aspectos relativos à organização. Sobre o assunto, analise as afirmativas a seguir.

[I] A limpeza e a ventilação são características de um espaço bem-organizado.

[II] Na educação infantil, o professor sempre deve optar por áreas ao ar livre, com árvores e caixas de areia.

[III] Um ambiente rico deve contar com brinquedos industrializados.

[IV] Qualquer que seja o espaço, o professor pode organizar um ambiente desafiador.

Agora, marque a alternativa que apresenta as afirmativas corretas:

[A] I e IV.
[B] I e II.
[C] II, III e IV.
[D] I e III.
[E] I, II, III e IV.

[5] As crianças que ainda não falam utilizam o movimento como forma de expressão. Tendo isso em vista, analise

as afirmativas a seguir e marque V para as verdadeiras e F para as falsas.

[ ] O professor deve impor regras durante as atividades, como ficar sentado e prestar atenção.

[ ] Enquanto se movimentam, as crianças colocam em ação o pensamento.

[ ] Quanto mais o professor estimular o movimento, melhor a criança conhecerá a si mesma, ao outro e ao meio.

[ ] O movimento propicia o desenvolvimento de diferentes formas de expressão, além da corporal.

Agora, marque a alternativa que apresenta a sequência correta:

[A] V, F, F, V.
[B] V, F, F, F.
[C] F, V, V, V.
[D] V, F, V, F.
[E] F, V, F, V.

ATIVIDADES DE APRENDIZAGEM

QUESTÕES PARA REFLEXÃO

[1] As atividades com música na educação infantil contribuem para o desenvolvimento das habilidades motoras e sensoriais. Nessa perspectiva, reflita sobre os seguintes aspectos: Como a música pode contribuir para o

desenvolvimento de fatores cognitivos, como a atenção e a concentração, além do desenvolvimento motor? A música possibilita o contato entre as pessoas e, portanto, além das habilidades sensoriais, estimula o processo de socialização dos pequenos. Por quê?

[2] As rodas de conversa, presentes no maternal, são possibilidades de praticar a fala, identificar preferências e contar histórias vividas na família. Nesse sentido, indique algumas atitudes do professor com relação aos seguintes aspectos:

> interação entre o adulto e a criança;

> poder de argumentação, discussão de regras e momento de escuta da criança pelo educador.

ATIVIDADE APLICADA: PRÁTICA

Procedimentos

Forme um grupo com mais três ou quatro colegas e elabore uma situação-problema envolvendo noções de quantidade na matemática. Nesta etapa, observe os passos a seguir:

[1] Escolham uma sala da educação infantil (berçário, maternal ou pré-escolar).

[2] Discutam, em conjunto, os principais aspectos que podem ser abordados na situação-problema (lembrando

que a problematização deve considerar a idade das crianças, as situações cotidianas e os recursos próprios para seu interesse e desenvolvimento).

[3] Definam os objetivos a alcançar.

[4] Escrevam as ideias e as dúvidas de cada integrante do grupo sobre a realização da tarefa, definam, em conjunto, os pontos que cada um vai pesquisar e dividam o trabalho.

[5] Estabeleçam um horário para vocês se reunirem e apresentarem os resultados da pesquisa e das tarefas individuais, bem como para fazerem a integração de todo o conteúdo.

[6] Planejem, a partir da elaboração da situação-problema sobre a construção da noção de quantidade, um canto pedagógico e atividades a serem desenvolvidas nesse espaço (inspirem-se na ideia de canto pedagógico abordada no capítulo).

[7] Descrevam o canto pedagógico, explicando claramente o espaço a ser utilizado, a organização do ambiente, os recursos (jogos, brinquedos, aparelhos de som, papéis, lápis etc.), as ações que propiciarão as interações entre professores, educandos e recursos, assim como as atividades e as brincadeiras que poderão ser desenvolvidas nesse espaço.

> O canto pedagógico pode ser preparado em uma escola se for possível e permitido pelo professor. Para isso, é necessário que, no dia previamente marcado, o canto seja organizado conforme o planejado.

[8] Registrem, por escrito, a experiência. Também é importante organizar uma conclusão em que o grupo estabeleça relações entre o processo de pesquisa, a organização do canto, os brinquedos e recursos utilizados, a realização de atividades (no exemplo da alfabetização, uma contação de história com fantoches) e os conteúdos estudados neste capítulo.

Apresentação

A equipe deve:

[1] Apresentar o planejamento do canto e das atividades às demais equipes;

[2] Solicitar aos colegas que façam uma avaliação oral e por escrito do trabalho, indicando seus limites e seus pontos positivos;

[3] Recolher as avaliações e anexá-las ao texto que o relator do grupo vem construindo para completar o portfólio da atividade.

Escrita de relatório

Escreva um relatório sobre o trabalho contando como o grupo planejou e organizou a apresentação, comentando as dificuldades encontradas, as superações e as constatações positivas. Indique os objetivos definidos e os resultados encontrados. Se houve apresentação, faça uma síntese da avaliação dos colegas. Finalize o relatório apresentando suas considerações sobre o projeto.

considerações finais

Neste livro, objetivamos apresentar a você, estudante de Pedagogia ou leitor interessado nessa área, os fazeres pedagógicos no âmbito da educação infantil. Buscamos, ainda, contribuir para a formação de profissionais competentes, que utilizam suas habilidades para estimular as crianças a se desenvolverem e aprenderem utilizando a brincadeira como meio de expressão. Mais especificamente, este livro é sobre como e por que devemos promover situações de aprendizagem para a criança na educação infantil. Assim, esperamos que a leitura desta obra tenha lhe despertado questionamentos e preocupações sobre o trabalho pedagógico com crianças. Também tentamos aqui apresentar alguns princípios relacionados às metodologias e aos procedimentos empregados na educação infantil, além de oferecer certo apoio para a utilização deles na prática.

Educar não é uma tarefa fácil. Pela própria trajetória histórica da infância e sua inserção na escola, não seria possível que um livro propusesse receitas prontas para a prática escolar nas instituições de educação infantil. O intuito foi abordar a relação teórico-prática em um enfoque dialético, no qual o brincar na prática pedagógica possibilite otimizar a aprendizagem e o desenvolvimento das crianças.

Nesse sentido, a ação pedagógica que envolve o educar e o cuidar pode ser um desafio no que diz respeito a responder aos aspectos envolvidos na relação com as crianças pequenas. Sabemos que, embora a educação infantil não seja obrigatória, ela contempla uma grande diversidade de questões que concernem, principalmente, à qualidade da oferta dessa modalidade de ensino e à formação dos profissionais para atuar nesse contexto. Desse modo, é preciso valorizar os professores da educação infantil e os profissionais das creches em todas as regiões do Brasil.

Existem diferenças significativas entre creches e pré-escolas, bem como entre as diversas regiões ou tipos de sistemas. Com relação a esse aspecto, a Constituição Federal de 1988 incluiu a educação infantil no sistema educacional, mas a Lei de Diretrizes e Bases da Educação Nacional (LDBEN), que instituiu essa inclusão, só foi publicada em 1996. Contudo, ainda não podemos dizer que, efetivamente, a educação infantil esteja integrada ao sistema educacional como a lei determina. Há muitos fatores a serem considerados e planos a serem executados para que haja essa integração efetiva.

Obviamente, esse contexto traz consequências para a qualidade das instituições. Entre elas está o alto custo da educação infantil, pois, quanto menor a criança, mais adultos são necessários para cuidar dela. Do ponto de vista da assistência social, é fundamental que se desenvolvam mais programas para assistir às famílias, mas isso não pode ser efetivado acima da organização do sistema de educação infantil.

Historicamente, a educação infantil no Brasil ainda apresenta uma característica assistencialista e requer propostas político-pedagógicas para se tornar realmente educacional. No entanto, a realidade das classes populares em diversas regiões do Brasil é pensada para as crianças pobres. Assim, desde a formação inicial, é preciso investir em mudanças efetivas nessa realidade, buscando ações que concretizem a educação infantil como direito de toda e qualquer criança, isto é, uma educação de qualidade para todas as crianças, independentemente de classe social. Aqui, cabe observar que, no que diz respeito ao atendimento à criança economicamente menos favorecida, ainda encontramos uma concepção preconceituosa.

Não se trata simplesmente de organizar o trabalho pedagógico na educação infantil ou de selecionar o conteúdo a ser ensinado na instituição. Na tentativa de superar a educação assistencialista, o que acontece é a busca por uma educação reducionista, que antecipa os conteúdos do ensino fundamental, exigindo-se das crianças esforço e concentração destituídos de significado, inadequados às suas necessidades e interesses.

Com efeito, a educação da criança de 0 a 5 anos deve ser pensada na perspectiva de seu direito de brincar, de jogar, de modo a proporcionar-lhe um desenvolvimento integral, e não apenas focado no desenvolvimento da inteligência. Logo, a formação docente é fundamental para a sociedade brasileira. Atualmente, a exigência da formação em nível superior nos cursos de Pedagogia tem-se aplicado mais à qualidade da formação dos profissionais para atuar com as crianças, o que se reflete na prática dos profissionais que vão atuar na creche (instituição que educa as crianças de 0 a 3 anos de idade).

Dessa forma, o espaço de formação dedicado à questão do cuidado com os bebês precisa ser pensado em uma perspectiva mais ampla, que vá além da troca fraldas, da higiene, da alimentação, da segurança e do sono, pois tudo é objeto de seu conhecimento.

A formação teórica amplia o conhecimento sobre a educação das crianças, dando ao professor a possibilidade de entender os problemas e resolvê-los na prática. Portanto, é essencial que todo professor de educação infantil conheça as questões que envolvem os diversos saberes do mundo, as ciências, as linguagens, de modo que possa atender à necessidade de sua prática pedagógica cotidiana.

referências

ABRAMOWICZ, A.; WAJSKOP, G. **Educação infantil**: creches – atividades para crianças de zero a seis anos. 2. ed. rev. e atual. São Paulo: Moderna, 1999.

ALVES, R. A complicada arte de ver. **Folha de S.Paulo,** 26 out. 2004. Disponível em: <https://www1.folha.uol.com.br/folha/sinapse/ult1063u947.shtml>. Acesso em: 2 ago. 2024.

BARBOSA, M. C. S. (Cord.). **Práticas cotidianas na educação infantil**: bases para a reflexão sobre as orientações curriculares. Brasília: MEC/SEB, 2009. (Projeto de Cooperação Técnica MEC e UFRGS para Construção de Orientações Curriculares para a Educação Infantil). Disponível em: <http://portal.mec.gov.br/dmdocuments/relat_seb_praticas_cotidianas.pdf>. Acesso em: 2 ago. 2024.

BASSEDAS, E.; HUGUET, T.; SOLÉ, I. **Aprender e ensinar na educação infantil**. Tradução de Cristina Maria de Oliveira. Porto Alegre: Artmed, 1999.

BORDIGNON, D. M. B. As conexões da não aprendizagem com a família. In: PORTELLA, F. O.; FRANCESCHINI, I. S. (Org.). **Família e aprendizagem**: uma relação necessária. 2. ed. Rio de Janeiro: Wak, 2008. p. 37-48.

BRASIL. Constituição (1988). **Diário Oficial da União**, Poder Legislativo, Brasília, DF, 5 out. 1988. Disponível em: <https://www.planalto.gov.br/ccivil_03/constituicao/constituicao.htm>. Acesso em: 24 ago. 2024.

BRASIL. Lei n. 8.069, de 13 de julho de 1990. **Diário Oficial da União**, Poder Legislativo, Brasília, DF, 16 jul. 1990. Disponível em: <https://www.planalto.gov.br/ccivil_03/leis/l8069.htm>. Acesso em: 2 ago. 2024.

BRASIL. Lei n. 8.742, de 7 de dezembro de 1993. **Diário Oficial da União**, Poder Legislativo, Brasília, DF, 8 dez. 1993. Disponível em: <https://www.planalto.gov.br/ccivil_03/leis/l8742.htm>. Acesso em: 2 ago. 2024.

BRASIL. Lei n. 9.394, de 20 de dezembro de 1996. **Diário Oficial da União**, Poder Legislativo, Brasília, DF, 23 dez. 1996. Disponível em: <https://www.planalto.gov.br/ccivil_03/leis/l9394.htm>. Acesso em: 2 ago. 2024.

BRASIL. Lei n. 14.176, de 22 de junho de 2021. **Diário Oficial da União**, Poder Executivo, Brasília, DF, 26 jun. 2021. Disponível em: <https://www.planalto.gov.br/ccivil_03/_ato2019-2022/2021/lei/l14176.htm>. Acesso em: 2 ago. 2024.

BRASIL. Ministério da Educação. Conselho Nacional de Educação. Câmara de Educação Básica. Parecer n. 4, de 16 de fevereiro de 2000. **Diário Oficial da União**, Brasília, DF, 6 fev. 2000. Disponível em:

<http://portal.mec.gov.br/cne/arquivos/pdf/2000/pceb004_00.pdf>. Acesso em: 2 ago. 2024.

BRASIL. Ministério da Educação. Secretaria de Educação Básica. **Base Nacional Comum Curricular**: educação é a base. Brasília, 2018. Disponível em: <https://www.gov.br/mec/pt-br/escola-em-tempo-integral/BNCC_EI_EF_110518_versaofinal.pdf>. Acesso em: 2 ago. 2024.

BRASIL. Ministério da Educação. Secretaria de Educação Básica. **Diretrizes Curriculares Nacionais para a Educação Infantil**. Brasília, 2010. Disponível em: <http://portal.mec.gov.br/dmdocuments/diretrizescurriculares_2012.pdf>. Acesso em: 2 ago. 2024.

BRASIL. Ministério da Educação. Secretaria de Educação Básica. **Parâmetros Nacionais de Qualidade para a Educação Infantil**. Brasília, 2006. v. 2. Disponível em: <http://portal.mec.gov.br/seb/arquivos/pdf/Educinf/eduinfparqualvol2.pdf>. Acesso em: 2 ago. 2024.

BRASIL. Ministério da Educação e do Desporto. Secretaria de Educação Fundamental. **Referencial Curricular Nacional para a Educação Infantil**. Brasília, 1998. v. 1: Introdução. Disponível em: <http://portal.mec.gov.br/seb/arquivos/pdf/rcnei_vol1.pdf>. Acesso em: 2 ago. 2024.

BRITO, T. A. de. **Música na educação infantil**: propostas para a formação integral da criança. São Paulo: Peirópolis, 2003.

BROUGÈRE, G. **Brinquedo e cultura**. Revisão técnica e versão brasileira adaptada por Gisela Wajskop. 4. ed. São Paulo: Cortez, 1995. (Coleção Questões da Nossa Época, v. 43).

BROUGÈRE, G. A criança e a cultura lúdica. Tradução de Ivone Mantoanelli. **Revista da Faculdade de Educação**, São Paulo, v. 24, n. 2, jul. 1998. Disponível em: <https://www.scielo.br/j/rfe/a/nprNrVWQ67Cw67MZpNShfVJ#> Acesso em: 2 ago. 2024.

CAMPOS, M. M. A mulher, a criança e seus direitos. **Cadernos de Pesquisa**, n. 106, p. 117-127, mar. 1999. Disponível em: <https://www.scielo.br/j/cp/a/dG4c4PNgJfqQL49gYs89wxK/?format=pdf&lang=pt>. Acesso em: 2 ago. 2024.

CAMPOS, R. As indicações dos organismos internacionais para as políticas nacionais de educação infantil: do direito à focalização. **Educação e Pesquisa**, São Paulo, v. 39, n. 1, p. 195-209, jan./mar. 2013. Disponível em: <https://www.redalyc.org/pdf/298/29825618013.pdf>. Acesso em: 2 ago. 2024.

COTTINGHAM, J. **Dicionário Descartes**. Tradução de Helena Martins. Rio de Janeiro: J. Zahar, 1995.

DUBET, F. O que é uma escola justa? **Cadernos de Pesquisa**, v. 34, n. 123, p. 539-555, set./dez. 2004. Disponível em: <https://www.scielo.br/j/cp/a/jLBWTVHsRGSNm78HxCWdHRQ/?format=pdf&lang=pt>. Acesso em: 2 ago. 2024.

FORNEIRO, L. I. A organização dos espaços na educação infantil. In: FORNEIRO, L. I.; ZABALZA, M. A. (Org.). **Qualidade em educação infantil**. Porto Alegre: Artmed, 1998. p. 229-280.

FREIRE, P.; SHOR, I. **Medo e ousadia**: cotidiano do professor. Tradução de Adriana Lopez. Rio de Janeiro: Paz e Terra, 1986. (Coleção Educação e Comunicação, v. 18).

FRIEDMANN, A. **Brincar**: crescer e aprender – o resgate da cultura infantil. São Paulo: Moderna, 1996.

GOHN, M. da G. M. **Força da periferia**: a luta das mulheres por creches em São Paulo. Petrópolis: Vozes, 1985.

HORN, M. da G. S. **Sabores, cores, sons, aromas**: a organização dos espaços na educação infantil. São Paulo: Scipione, 2004.

HUIZINGA, J. **Homo ludens**: o jogo como elemento de cultura. Tradução de João Paulo Monteiro e Newton Cunha. 5. ed. São Paulo: Perspectiva, 2000. (Coleção Estudos).

JUNQUEIRA FILHO, G. de A. **Linguagens geradoras**: um critério e uma proposta de seleção e articulação de conteúdos em educação infantil. **Cadernos de Educação**, Pelotas, v. 21, p. 81-100, jul./dez. 2003. Disponível em: <https://revistas.ufpel.edu.br/index.php/educacao/article/view/6121/5357>. Acesso em: 2 ago. 2024.

JUNQUEIRA FILHO, G. de A. **Linguagens geradoras**: seleção e articulação de conteúdos em educação infantil. Porto Alegre: Mediação, 2005.

KAMII, C.; DEVRIES, R. **O conhecimento físico na educação pré-escolar**: implicações da teoria de Piaget. Tradução de Maria Cristina R. Goulart Porto Alegre: Artmed, 1986.

KISHIMOTO, T. M. **O jogo e a educação infantil**. São Paulo: Pioneira, 2008.

MELLO, C. O. A família como espaço de aprendizagem: o ponto de vista do atendimento individual. In: PORTELLA, F. O.; FRANCESCHINI, I. S. (Org.). **Família e aprendizagem**: uma relação necessária. 2. ed. Rio de Janeiro: Wak, 2008. p. 49-58.

MONTENEGRO, T. **O cuidado e a formação moral na educação infantil**. São Paulo: Educ, 2001.

MOYLES, J. R. **A excelência do brincar**: a importância da brincadeira na transição entre educação infantil e anos iniciais. Tradução de Maria Adriana Veríssimo Veronese. Porto Alegre: Artmed, 2006.

MOYLES, J. R. **Só brincar?** O papel do brincar na educação infantil. Tradução de Maria Adriana Veríssimo Veronese. Porto Alegre: Artmed, 2002.

OLIVEIRA, Z. de M. R. de. A creche no Brasil: mapeamento de uma trajetória. **Revista da Faculdade de Educação**, São Paulo, v. 14, n. 1, p. 43-52, jan./jun. 1988. Disponível em: <http://educa.fcc.org.br/scielo.php?pid=S0102-25551988000100004&script=sci_abstract>. Acesso em: 2 ago. 2024.

OLIVEIRA, Z. de M. R. de et al. **Creches**: crianças, faz de conta & cia. 16. ed. atual. Petrópolis: Vozes, 2011.

PIAGET, J. **A formação do símbolo na criança**: imitação, jogo e sonho, imagem e representação. Tradução de Álvaro Cabral e Christiano Monteiro Oiticica. Rio de Janeiro: Zahar, 1971.

PIAGET, J. **Seis estudos de psicologia**. Tradução de Maria Alice Magalhães D'Amorim e Paulo Sérgio Lima Silva. 24. ed. Rio de Janeiro: Forense, 2003.

RAU, M. C. T. D. **A ludicidade na educação**: uma atitude pedagógica. Curitiba: Ibpex, 2011.

ROSEMBERG, F. A criação dos filhos pequenos: tendências e ambiguidades contemporâneas. In: RIBEIRO, I.; RIBEIRO, A. C. (Org.). **Família em processos contemporâneos**: inovações culturais na sociedade brasileira. Rio de Janeiro: Loyola, 1995. p. 167-190.

ROSSETTI-FERREIRA, M. C. et al. (Org.). **Os fazeres na educação infantil**. São Paulo: Cortez, 1998.

ROSSETTI-FERREIRA, M. C.; RAMON, F.; SILVA, A. P. S. Políticas de atendimento à criança pequena nos países em desenvolvimento. **Cadernos de Pesquisa**, n. 115, p. 65-100, mar. 2002. Disponível em: <http://www.scielo.br/pdf/cp/n115/a03n115.pdf>. Acesso em: 2 ago. 2024

SCHILLER, P.; ROSSANO, J. **Ensinar e aprender brincando**: mais de 750 atividades para educação infantil. Tradução de Ronaldo Cataldo Costa. Porto Alegre: Artmed, 2008.

SORJ, B. Arenas de cuidado nas interseções entre gênero e classe social no Brasil. **Cadernos de Pesquisa**, v. 43, n. 149, p. 478-491, maio/ago. 2013. Disponível em: <https://www.scielo.br/j/cp/a/N4CfkgXHT8Gtgsr4RvDNhtP/abstract/?lang=pt>. Acesso em: 2 ago. 2024.

TURKENICZ, A. Famílias ocidentais no século XX. In: PORTELLA, F. O.; FRANCESCHINI, I. S. (Org.). **Família e aprendizagem**: uma relação necessária. 2. ed. Rio de Janeiro: Wak, 2008. p. 11-36.

UNICEF BRASIL. **Sobre o Unicef**. Disponível em: <https://www.unicef.org/brazil/sobre-o-unicef>. Acesso em: 2 ago. 2024.

VYGOTSKY, L. S. **A formação social da mente**. Tradução de José Cipolla Neto, Luis Silveira Menna Barreto e Solange Castro Afeche. São Paulo: M. Fontes, 2001.

VYGOTSKY, L. S. **Imaginação e criatividade na infância**. Tradução de João Pedro Fróis. São Paulo: WMF Martins Fontes, 2014. (Série Textos de Psicologia).

WALLON, H. **A evolução psicológica da criança**. Tradução de Claudia Berliner. São Paulo: M. Fontes, 1995.

ZABALZA, M. A. **Qualidade em educação infantil**. Tradução de Beatriz Affonso Neves. Porto Alegre: Artmed, 1998.

bibliografia comentada

ARIÈS, P. **História social da criança e da família**. Tradução de Dora Flaksman. 2. ed. Rio de Janeiro: Guanabara, 1986.

Essa obra aborda a história da infância e proporciona a reflexão sobre a criança na sociedade. Destacamos, em especial, o capítulo "Pequena contribuição à história dos jogos e brincadeiras", por se relacionar grandemente com o conteúdo que trabalhamos neste livro.

BARBOSA, M. C. S.; HORN, M. da G. S. **Projetos pedagógicos na educação infantil**. Porto Alegre: Artmed, 2008.

O livro discute a metodologia de projetos como ação pedagógica em creches e pré-escolas.

BASSEDAS, E.; HUGUET, T.; SOLÉ, I. **Aprender e ensinar na educação infantil**. Tradução de Cristina Maria de Oliveira. Porto Alegre: Artmed, 1999.

O livro apresenta a reflexão, a análise e a otimização da prática educativa na educação infantil.

KRAMER, S. et al. (Org.). **Infância e educação infantil**. 6. ed. Campinas: Papirus, 2007. (Coleção Prática Pedagógica).

O livro, organizado por autores com prática pedagógica na educação infantil, parte da abordagem da leitura e da escrita e segue com a análise das políticas públicas. Apresenta também os aspectos da formação, da cultura, da estética e do cotidiano na educação.

MOYLES, J. R. **A excelência do brincar**: a importância da brincadeira na transição entre educação infantil e anos iniciais. Tradução de Maria Adriana Veríssimo Veronese. Porto Alegre: Artmed, 2006.

O livro reúne grandes especialistas sobre a ludicidade que contextualizam o brincar no currículo escolar.

respostas

CAPÍTULO 1

ATIVIDADES DE AUTOAVALIAÇÃO

1. c
2. b
3. c
4. d
5. d

ATIVIDADES DE APRENDIZAGEM

QUESTÕES PARA REFLEXÃO

1. Entender a educação infantil como a primeira etapa da formação educacional dos pequenos, identificar as concepções teórico-metodológicas e de avaliação para essa etapa, participar ativamente da elaboração da proposta pedagógica de sua instituição, conhecendo e respeitando a realidade na qual as crianças estão inseridas, ser um educador pesquisador, objetivando estudar sempre e buscar recursos voltados à resolução dos problemas cotidianos.

   A legislação atual para a educação infantil trouxe como avanço a articulação entre cuidados e educação, com base na elaboração de diretrizes curriculares que devem subsidiar as propostas pedagógicas nessa etapa.

2. As crianças que não tiverem condições familiares e sociais adequadas às suas necessidades podem apresentar problemas em relação a si e ao outro. O brincar na infância é fundamental para o desenvolvimento e a aprendizagem. Nesse sentido, a infância roubada pelo trabalho infantil pode atrapalhar o desenvolvimento motor, afetivo e cognitivo, o que se reflete na aprendizagem.

   As famílias, atualmente, têm pouco tempo para ficar com as crianças, e isso tem reflexos na formação pessoal destas, em sua autonomia e segurança emocional, na alimentação de qualidade e na formação de hábitos saudáveis, relacionados à higiene, ao sono, ao brincar etc.

CAPÍTULO 2

ATIVIDADES DE AUTOAVALIAÇÃO

1. a
2. c
3. c
4. b
5. d

ATIVIDADES DE APRENDIZAGEM

QUESTÕES PARA REFLEXÃO

1. O professor pode organizar um espaço em que os pequenos se integrem. Assim, os bebês que necessitam de apoio para se sentar podem ter almofadas nas costas. Objetos como brinquedos emborrachados, jogos de encaixe com peças grandes, bolas de pano e de borracha, móbiles etc. podem fazer parte do cenário. Livros de pano com diferentes texturas são opções para compor o ambiente para a estimulação. O educador trabalhará com as crianças individualmente. O professor deve explicar inicialmente quais são os materiais coletivos e os individuais, ouvindo as perguntas das crianças. Deve também criar regras de uso e organização dos materiais com as

crianças, mostrar o espaço que compõe as atividades e explicar como explorá-lo e como usar os materiais e os brinquedos.

2. O professor deve atentar-se aos diálogos e aos gestos produzidos pelas crianças. Quando perceber atitudes inadequadas, deve conversar sobre o assunto, esclarecendo como pode ser a relação dos pequenos com temas adultos. O professor pode elaborar projetos, brincadeiras e dramatizações que envolvam a reflexão sobre os temas abordados na televisão e nos jogos eletrônicos, como drogas, violência, fome e injustiça. Por exemplo, apresentar fábulas e histórias infantis pode proporcionar uma reflexão significativa por parte dos pequenos por envolver personagens fictícios e a imaginação.

CAPÍTULO 3

ATIVIDADES DE AUTOAVALIAÇÃO

1. a
2. a
3. b
4. b
5. a

ATIVIDADES DE APRENDIZAGEM

QUESTÕES PARA REFLEXÃO

1. O professor pode utilizar jogos e brincadeiras que envolvam as áreas motora e cognitiva na aprendizagem de alguns conteúdos, como jogos de lateralidade e raciocínio lógico para trabalhar conteúdos de matemática. A dramatização é uma opção para o desenvolvimento da expressão, habilidade necessária para a aprendizagem da leitura.
2. É comum coordenadores pedagógicos e professores fazerem reunião de pais na escola para informar questões sobre a concepção da escola, a metodologia e os conteúdos que integrarão o processo de ensino e aprendizagem. Tendo isso em vista, o professor pode preparar uma prática lúdica com os pais e, assim, demonstrar como os jogos proporcionam o desenvolvimento e a aprendizagem infantil.

CAPÍTULO 4

ATIVIDADES DE AUTOAVALIAÇÃO

1. a
2. b
3. c
4. b
5. c

ATIVIDADES DE APRENDIZAGEM

QUESTÕES PARA REFLEXÃO

1. As atividades com música são atrativas para as crianças porque estimulam os movimentos corporais, o ritmo, a linguagem oral e a organização do pensamento.
Quando a criança participa de atividades com música em grupo, precisa perceber seus movimentos, seu tom de voz, o espaço que ocupa, o ritmo da música e de seus gestos. Esse estímulo a ajuda a perceber também esses aspectos no outro e, para integrar-se ao grupo, é necessário estar em harmonia com todos esses elementos. A música é uma linguagem que auxilia no processo de socialização porque a criança primeiro percebe a si e depois ao outro e, por fim, procura adequar seu ritmo ao do outro.

2. Ao contar sobre um passeio com a família, a criança descreve as relações de afeto, respeito, estímulo e, assim, o professor pode conhecer um pouco da realidade da criança fora do contexto escolar. O educador pode aproveitar alguns temas para conversar sobre hábitos sociais, de higiene, conteúdos de ciências e literatura, entre outros. O professor pode trazer algumas histórias infantis, partes de vídeos que demonstrem as relações entre os seres humanos, entre estes e a natureza, bem como responder

a questões formuladas espontaneamente pelas crianças nas rodas de conversa.

sobre a autora

Maria Cristina Trois Dorneles é doutora e mestra em Educação pela Pontifícia Universidade Católica do Paraná (PUCPR), onde pesquisou o processo de criação de brinquedoteca na formação e na prática pedagógica dos professores da educação básica; especialista em Educação Especial Inclusiva, Psicopedagogia Clínica e Institucional e Metodologia de Ensino para a Educação Básica pelo Instituto Brasileiro de Pós-Graduação e Extensão (Ibpex); e graduada em Pedagogia pelo Centro Universitário Bagozzi (UniBagozzi) e em Educação Física pela Universidade Católica de Brasília (UCB). Também cursou MBA em Formação Docente com Ênfase em Metodologias Ativas pelo UniBagozzi. Atuou por 32 anos como professora da educação básica em escolas públicas e privadas no Distrito Federal e no Paraná.

Desde o início de sua carreira desenvolveu projetos e pesquisas sobre o brincar na formação de professores, investigando brinquedotecas, projetos e a prática pedagógica com o jogo, o brinquedo e a brincadeira na educação. Organizou brinquedotecas para a formação de docentes e o atendimento de crianças com deficiências e transtornos globais do desenvolvimento (TGD) no Instituto de Educação do Paraná Professor Erasmo Pilotto (Ieppep). Foi a criadora e a coordenadora do projeto de pesquisa e extensão BrinquePedagogiaConsciente – Formação Lúdica dos Professores Pedagogos no UniBagozzi.

Atua como psicopedagoga clínica e institucional, atendendo crianças com dificuldades de aprendizagem e orientando projetos pedagógicos em escolas públicas no Brasil. Também é professora da educação superior nos cursos de graduação em Pedagogia e Educação Física e de pós-graduação em Educação e Saúde, nos quais aborda o brincar na educação, a organização de brinquedotecas em espaços clínicos e educacionais, a psicomotricidade e a aprendizagem.

É autora de livros na área de educação e da prática pedagógica de professores da educação básica em uma perspectiva inclusiva. Publicou artigos científicos como resultado de pesquisas sobre a formação de professores na educação básica e superior, com o intuito de orientar a prática pedagógica do docente da educação infantil e do ensino fundamental.

Integra o grupo de pesquisa GPraxis da PUCPR, desenvolvendo pesquisas nas áreas de didática e de prática pedagógica dos professores da educação básica.

Impressão:
Novembro/2024